心一堂術數古籍珍本叢刊

書名：心眼指要（清刻原本）
系列：心一堂術數古籍珍本叢刊　堪輿類　無常派玄空珍秘　第二輯　199
作者：【清】孫竹田、沈鈞生等原著、【清】章仲山輯注
主編、責任編輯：陳劍聰
心一堂術數古籍珍本叢刊編校小組：陳劍聰　素聞　梁松盛　鄒偉才　虛白盧主

出版：心一堂有限公司
通訊地址：香港九龍旺角彌敦道六一〇號荷李活商業中心十八樓〇五—〇六室
深港讀者服務中心・中國深圳市羅湖區立新路六號羅湖商業大廈負一層〇〇八室
電話號碼：(852)67150840
網址：publish.sunyata.cc
電郵：sunyatabook@gmail.com
網店：http://book.sunyata.cc
淘寶店地址：https://shop210782774.taobao.com
微店地址：https://weidian.com/s/1212826297
臉書：https://www.facebook.com/sunyatabook
讀者論壇：http://bbs.sunyata.cc/

版次：二零一七年九月初版
平裝

定價：港幣　一百九十八元正
　　　新台幣　七百五十元正

國際書號：ISBN 978-988-8317-80-6

香港發行：香港聯合書刊物流有限公司
地址：香港新界大埔汀麗路36號中華商務印刷大廈3樓
電話號碼：(852)2150-2100
傳真號碼：(852)2407-3062
電郵：info@suplogistics.com.hk

台灣發行：秀威資訊科技股份有限公司
地址：台灣台北市內湖區瑞光路七十六巷六十五號一樓
電話號碼：+886-2-2796-3638
傳真號碼：+886-2-2796-1377
網絡書店：www.bodbooks.com.tw
台灣國家書店讀者服務中心：
地址：台灣台北市中山區松江路二〇九號一樓
電話號碼：+886-2-2518-0207
傳真號碼：+886-2-2518-0778
網絡書店：http://www.govbooks.com.tw

中國大陸發行　零售：深圳心一堂文化傳播有限公司
深圳地址：深圳市羅湖區立新路六號羅湖商業大廈負一層〇〇八室
電話號碼：(86)0755-82224934

心一堂微店二維碼

心一堂淘寶店二維碼

心一堂術數古籍 珍本 整理 叢刊 總序

術數定義

術數，大概可謂以「推算（推演）、預測人（個人、群體、國家等）、事、物、自然現象、時間、空間方位等規律及氣數，並或通過種種『方術』，從而達致趨吉避凶或某種特定目的」之知識體系和方法。

術數類別

我國術數的內容類別，歷代不盡相同，例如《漢書・藝文志》中載，漢代術數有六類：天文、曆譜、五行、蓍龜、雜占、形法。至清代《四庫全書》，術數類則有：數學、占候、相宅相墓、占卜、命書、相書、陰陽五行、雜技術等，其他如《後漢書・方術部》、《藝文類聚・方術部》、《太平御覽・方術部》等，對於術數的分類，皆有差異。古代多把天文、曆譜、及部分數學均歸入術數類，而民間流行亦視傳統醫學作為術數的一環；此外，有些術數與宗教中的方術亦往往難以分開。現代民間則常將各種術數歸納為五大類別：命、卜、相、醫、山，通稱「五術」。

本叢刊在《四庫全書》的分類基礎上，將術數分為九大類別：占筮、星命、相術、堪輿、選擇、三式、讖諱、理數（陰陽五行）、雜術（其他）。而未收天文、曆譜、算術、宗教方術、醫學。

術數思想與發展——從術到學，乃至合道

我國術數是由上古的占星、卜筮、形法等術發展下來的。其中卜筮之術，是歷經夏商周三代而通過「龜卜、蓍筮」得出卜（筮）辭的一種預測（吉凶成敗）術，之後歸納並結集成書，此即現傳之《易

經》。經過春秋戰國至秦漢之際，受到當時諸子百家的影響、儒家的推崇，遂有《易傳》等的出現，原本是卜筮術書的《易經》，被提升及解讀成有包涵「天地之道（理）」之學。因此，《易·繫辭傳》曰：「易與天地準，故能彌綸天地之道。」

漢代以後，易學中的陰陽學說，與五行、九宮、干支、氣運、災變、律曆、卦氣、讖緯、天人感應說等相結合，形成易學中象數系統。而其他原與《易經》本來沒有關係的術數，如占星、形法、選擇，亦漸漸以易理（象數學說）為依歸。《四庫全書·易類小序》云：「術數之興，多在秦漢以後。要其旨，不出乎陰陽五行，生尅制化。實皆《易》之支派，傅以雜說耳。」至此，術數可謂已由「術」發展成「學」。

及至宋代，術數理論與理學中的河圖洛書、太極圖、邵雍先天之學及皇極經世等學說給合，通過術數以演繹理學中「天地中有一太極，萬物中各有一太極」（《朱子語類》）的思想。術數理論不單已發展至十分成熟，而且也從其學理中衍生一些新的方法或理論，如《梅花易數》、《河洛理數》等。

在傳統上，術數功能往往不止於僅僅作為趨吉避凶的方術，及「能彌綸天地之道」的學問，亦有其「修心養性」的功能，「與道合一」（修道）的內涵。《素問·上古天真論》：「上古之人，其知道者，法於陰陽，和於術數。」數之意義，不單是外在的算數、歷數、氣數，而是與理學中同等的「道」、「理」--心性的功能，北宋理氣家邵雍對此多有發揮：「聖人之心，是亦數也」、「萬化萬事生乎心」、「心為太極」。《觀物外篇》：「先天之學，心法也。……蓋天地萬物之理，盡在其中矣，心一而不分，則能應萬物。」反過來說，宋代的術數理論，受到當時理學、佛道及宋易影響，認為心性本質上是等同天地之太極。天地萬物氣數規律，能通過內觀自心而有所感知，即是內心也已具備有術數的推演及預測、感知能力；相傳是邵雍所創之《梅花易數》，便是在這樣的背景下誕生。

《易·文言傳》已有「積善之家，必有餘慶；積不善之家，必有餘殃」之說，至漢代流行的災變說及讖緯說，我國數千年來都認為天災，異常天象（自然現象），皆與一國或一地的施政者失德有關；下至家族、個人之盛衰，也都與一族一人之德行修養有關。因此，我國術數中除了吉凶盛衰理數之外，人心的德行修養，也是趨吉避凶的一個關鍵因素。

術數與宗教、修道

在這種思想之下，我國術數不單只是附屬於巫術或宗教行為的方術，又往往是一種宗教的修煉手段--通過術數，以知陰陽，乃至合陰陽（道）。「其知道者，法於陰陽，和於術數。」例如，「奇門遁甲」術中，即分為「術奇門」與「法奇門」兩大類。「法奇門」中有大量道教中符籙、手印、存想、內煉的內容，是道教內丹外法的一種重要外法修煉體系。甚至在雷法一系的修煉上，亦大量應用了術數內容。此外，相術、堪輿術中也有修煉望氣（氣的形狀、顏色）的方法；堪輿家除了選擇陰陽宅之吉凶外，也有道教中選擇適合修道環境（法、財、侶、地中的地）的方法，以至通過堪輿術觀察天地山川陰陽之氣，亦成為領悟陰陽金丹大道的一途。

易學體系以外的術數與的少數民族的術數

我國術數中，也有不用或不全用易理作為其理論依據的，如揚雄的《太玄》、司馬光的《潛虛》。也有一些占卜法、雜術不屬於《易經》系統，不過對後世影響較少而已。

外來宗教及少數民族中也有不少雖受漢文化影響（如陰陽、五行、二十八宿等學說。）但仍自成系統的術數，如古代的西夏、突厥、吐魯番等占卜及星占術，藏族中有多種藏傳佛教占卜術、苯教占卜術、擇吉術、推命術、相術等；北方少數民族有薩滿教占卜術；不少少數民族如水族、白族、布朗族、佤族、彝族、苗族等，皆有占雞（卦）草卜、雞蛋卜等術，納西族的占星術、占卜術，彝族畢摩的推命術、占卜術……等等，都是屬於《易經》體系以外的術數。相對上，外國傳入的術數以及其理論，對我國術數影響更大。

曆法、推步術與外來術數的影響

我國的術數與曆法的關係非常緊密。早期的術數中，很多是利用星宿或星宿組合的位置（如某星在某州或某宮某度）付予某種吉凶意義，并據之以推演，例如歲星（木星）、月將（某月太陽所躔之宮次）等。不過，由於不同的古代曆法推步的誤差及歲差的問題，若干年後，其術數所用之星辰的位置，已與真實星辰的位置不一樣了；此如歲星（木星），早期的曆法及術數以十二年為一周期（以應地支），與木星真實周期十一點八六年，每幾十年便錯一宮。後來術家又設一「太歲」的假想星體來解決，是歲星運行的相反，週期亦剛好是十二年。而術數中的神煞，很多即是根據太歲的位置而定。又如六壬術中的「月將」，原是立春節氣後太陽躔娵訾之次而稱作「登明亥將」，至宋代，因歲差的關係，要到雨水節氣後太陽才躔娵訾之次，當時沈括提出了修正，但明清時六壬術中「月將」仍然沿用宋代沈括修正的起法沒有再修正。

由於以真實星象周期的推步術是非常繁複，而且古代星象推步術本身亦有不少誤差，大多數術數除依曆書保留了太陽（節氣）、太陰（月相）的簡單宮次計算外，漸漸形成根據干支、日月等的各自起例，以起出其他具有不同含義的眾多假想星象及神煞系統。唐宋以後，我國絕大部分術數都主要沿用這一系統，也出現了不少完全脫離真實星象的術數，如《子平術》、《紫微斗數》、《鐵版神數》等。後來就連一些利用真實星辰位置的術數，如《七政四餘術》及選擇法中的《天星選擇》，也已與假想星象及神煞混合而使用了。

隨着古代外國曆（推步）、術數的傳入，如唐代傳入的印度曆法及術數，元代傳入的回回曆等，其中我國占星術便吸收了印度占星術中羅睺星、計都星等而形成四餘星，又通過阿拉伯占星術而吸收了其中來自希臘、巴比倫占星術的黃道十二宮、四大（四元素）學說（地、水、火、風），並與我國傳統的二十八宿、五行說、神煞系統並存而形成《七政四餘術》。此外，一些術數中的北斗星名，不用我國傳統的星名：天樞、天璇、天璣、天權、玉衡、開陽、搖光，而是使用來自印度梵文所譯的：貪狼、巨門、祿存、文曲，廉貞、武曲、破軍等，此明顯是受到唐代從印度傳入的曆法及占星術所影響。如星命術中的《紫微斗數》及堪輿術中的《撼龍經》等文獻中，其星皆用印度譯名。及至清初《時憲曆》，置閏之法則改用西法「定氣」。清代以後的術數，又作過不少的調整。

此外，我國相術中的面相術、手相術，唐宋之際受印度相術影響頗大，至民國初年，又通過翻譯歐西、日本的相術書籍而大量吸收歐西相術的內容，形成了現代我國坊間流行的新式相術。

陰陽學——術數在古代、官方管理及外國的影響

術數在古代社會中一直扮演着一個非常重要的角色，影響層面不單只是某一階層、某一職業、某一年齡的人，而是上自帝王，下至普通百姓，從出生到死亡，不論是生活上的小事如洗髮、出行等，大事如建房、入伙、出兵等，從個人、家族以至國家，從天文、氣象、地理到人事、軍事，從民俗、學術到宗教，都離不開術數的應用。我國最晚在唐代開始，已把以上術數之學，稱作陰陽（學），行術數者稱陰陽人。（敦煌文書、斯四三二七唐《師師漫語話》：「以下說陰陽人謾語話」，此說法後來傳入日本，今日本人稱行術數者為「陰陽師」）。一直到了清末，欽天監中負責陰陽術數的官員中，以及民間術數之士，仍名陰陽生。

古代政府的中欽天監（司天監），除了負責天文、曆法、輿地之外，亦精通其他如星占、選擇、堪輿等術數，除在皇室人員及朝庭中應用外，也定期頒行日書、修定術數，使民間對於天文、日曆用事吉凶及使用其他術數時，有所依從。

我國古代政府對官方及民間陰陽學及陰陽官員，從其內容、人員的選拔、培訓、認證、考核、律法監管等，都有制度。至明清兩代，其制度更為完善、嚴格。

宋代官學之中，課程中已有陰陽學及其考試的內容。（宋徽宗崇寧三年〔一一零四年〕崇寧算學令：「諸學生習……並曆算、三式、天文書。」「諸試……三式即射覆及預占三日陰陽風雨。天文即預

定一月或一季分野災祥，並以依經備草合問為通。」

金代司天臺，從民間「草澤人」（即民間習術數人士）考試選拔：「其試之制，以《宣明曆》試推步，及《婚書》、《地理新書》試合婚、安葬，並《易》筮法，六壬課、三命、五星之術。」（《金史》卷五十一・志第三十二・選舉一）

元代為進一步加強官方陰陽學對民間的影響、管理、控制及培育，除沿襲宋代、金代在司天監掌管陰陽學及中央的官學陰陽學課程之外，更在地方上增設陰陽學課程（《元史・選舉志一》：「世祖至元二十八年夏六月始置諸路陰陽學。」）地方上也設陰陽學教授員，培育及管轄地方陰陽人。（《元史・選舉志一》：「（元仁宗）延祐初，令陰陽人依儒醫例，於路、府、州設教授員，凡陰陽人皆管轄之，而上屬於太史焉。」）自此，民間的陰陽術士（陰陽人），被納入官方的管轄之下。

至明清兩代，陰陽學制度更為完善。中央欽天監掌管陰陽學，明代地方縣設陰陽學正術，各州設陰陽學典術，各縣設陰陽學訓術。陰陽人從地方陰陽學肄業或被選拔出來後，再送到欽天監考試。（《大明會典》卷二二三：「凡天下府州縣舉到陰陽人堪任正術等官者，俱從吏部送（欽天監），考中，送回選用；不中者發回原籍為民，原保官吏治罪。」）清代大致沿用明制，凡陰陽術數之流，悉歸中央欽天監及地方陰陽官員管理、培訓、認證。至今尚有「紹興府陰陽印」、「東光縣陰陽學記」等明代銅印，及某某縣某某之清代陰陽執照等傳世。

清代欽天監漏刻科對官員要求甚為嚴格。《大清會典》「國子監」規定：「凡算學之教，設肄業生。滿洲十有二人，蒙古、漢軍各六人，於各旗官學內考取。漢十有二人，於舉人、貢監生童內考取。附學生二十四人，由欽天監選送。教以天文演算法諸書，五年學業有成，舉人引見以欽天監博士用，貢監生童以天文生補用。」學生在官學肄業、貢監生肄業或考得舉人後，經過了五年對天文、算法、陰陽學的學習，其中精通陰陽術數者，會送往漏刻科。而在欽天監供職的官員，《大清會典則例》「欽天監」規定：「本監官生三年考核一次，術業精通者，保題升用。不及者，停其升轉，再加學習。如能黽勉供職，即予開復。仍不及者，降職一等，再令學習三年，能習熟者，准予開復，仍不能者，黜退。」除定期考核以定其升用降職外，《大清律例》中對陰陽術士不準確的推斷（妄言禍福）是要治罪的。《大清律例·一七八·術七·妄言禍福》：「凡陰陽術士，不許於大小文武官員之家妄言禍福，違者杖一百。其依經推算星命卜課，不在禁限。」大小文武官員延請的陰陽術士，自然是以欽天監漏刻科官員或地方陰陽官員為主。

官方陰陽學制度也影響鄰國如朝鮮、日本、越南等地，一直到了民國時期，鄰國仍然沿用着我國的多種術數。而我國的漢族術數，在古代甚至影響遍及西夏、突厥、吐蕃、阿拉伯、印度、東南亞諸國。

術數研究

術數在我國古代社會雖然影響深遠，「是傳統中國理念中的一門科學，從傳統的陰陽、五行、九宮、八卦、河圖、洛書等觀念作大自然的研究。……傳統中國的天文學、數學、煉丹術等，要到上世紀中葉始受世界學者肯定。可是，術數還未受到應得的注意。術數在傳統中國科技史、思想史，文化史、社會史，甚至軍事史都有一定的影響。……更進一步了解術數，我們將更能了解中國歷史的全貌。」（何丙郁《術數、天文與醫學中國科技史的新視野》，香港城市大學中國文化中心。）

可是術數至今一直不受正統學界所重視，加上術家藏秘自珍，又揚言天機不可洩漏，「（術數）乃吾國科學與哲學融貫而成一種學說，數千年來傳衍嬗變，或隱或現，全賴一二有心人為之繼續維繫，賴以不絕，其中確有學術上研究之價值，非徒癡人說夢，荒誕不經之謂也。其所以至今不能在科學中成立一種地位者，實有數因。蓋古代士大夫階級目醫卜星相為九流之學，多恥道之；而發明諸大師又故為惝恍迷離之辭，以待後人探索；間有一二賢者有所發明，亦秘莫如深，既恐洩天地之秘，復恐譏為旁門左道，始終不肯公開研究，成立一有系統說明之書籍，貽之後世。故居今日而欲研究此種學術，實一極困難之事。」（民國徐樂吾《子平真詮評註》，方重審序）

現存的術數古籍，除極少數是唐、宋、元的版本外，絕大多數是明、清兩代的版本。其內容也主要是明、清兩代流行的術數，唐宋或以前的術數及其書籍，大部分均已失傳，只能從史料記載、出土文獻、敦煌遺書中稍窺一鱗半爪。

術數版本

坊間術數古籍版本，大多是晚清書坊之翻刻本及民國書賈之重排本，其中豕亥魚魯，或任意增刪，往往文意全非，以至不能卒讀。現今不論是術數愛好者，還是民俗、史學、社會、文化、版本等學術研究者，要想得一常見術數書籍的善本、原版，已經非常困難，更遑論如稿本、鈔本、孤本等珍稀版本。在文獻不足及缺乏善本的情況下，要想對術數的源流、理法、及其影響，作全面深入的研究，幾不可能。

有見及此，本叢刊編校小組經多年努力及多方協助，在海內外搜羅了二十世紀六十年代以前漢文為主的術數類善本、珍本、鈔本、孤本、稿本、批校本等數百種，精選出其中最佳版本，分別輯入兩個系列：

一、心一堂術數古籍珍本叢刊

二、心一堂術數古籍整理叢刊

前者以最新數碼（數位）技術清理、修復珍本原本的版面，更正明顯的錯訛，部分善本更以原色彩色精印，務求更勝原本。并以每百多種珍本、一百二十冊為一輯，分輯出版，以饗讀者。後者延請、稿約有關專家、學者，以善本、珍本等作底本，參以其他版本，古籍進行審定、校勘、注釋，務求打造一最善版本，方便現代人閱讀、理解、研究等之用。

限於編校小組的水平，版本選擇及考證、文字修正、提要內容等方面，恐有疏漏及舛誤之處，懇請方家不吝指正。

心一堂術數古籍 珍本 整理 叢刊編校小組

二零零九年七月序

二零一四年九月第三次修訂

錫山章氏輯集訂定

心眼指要

可久堂藏板

自序

堪天道輿地道堪輿之道天地之道也天之氣地之形天依形地附氣形為體氣為用必須天地合其德體用合其宜方是巒頭理氣之正宗無奈理氣書雖

多但知有地而不知有天始其
圍皆非獨有青囊天玉之元空
五行之法原本洛書九疇上應
北斗主宰天地運斡坤輿光燾
乾紀旋轉四時流通八國正是
理氣之宗祖圖法之真諦又因

一齊衆推大元空之法竟失其傳惟國初蔣大鴻先生獨得無極真傳語辨正及五歌辨是非透真偽不下數十萬言處處申明天玉青囊之所以然而於元空之

理幾乎湮矣無何百餘年來讀者又昧其解但知其所當然而不知其所以然似是而非為害莫甚 余故作心眼指要以引之又集諸名家言以導之俾世之留心斯道者方無岐路之惑矣

道光十六年孟夏之朔

無心道人識於種蓮盦

枫江柯學逈書

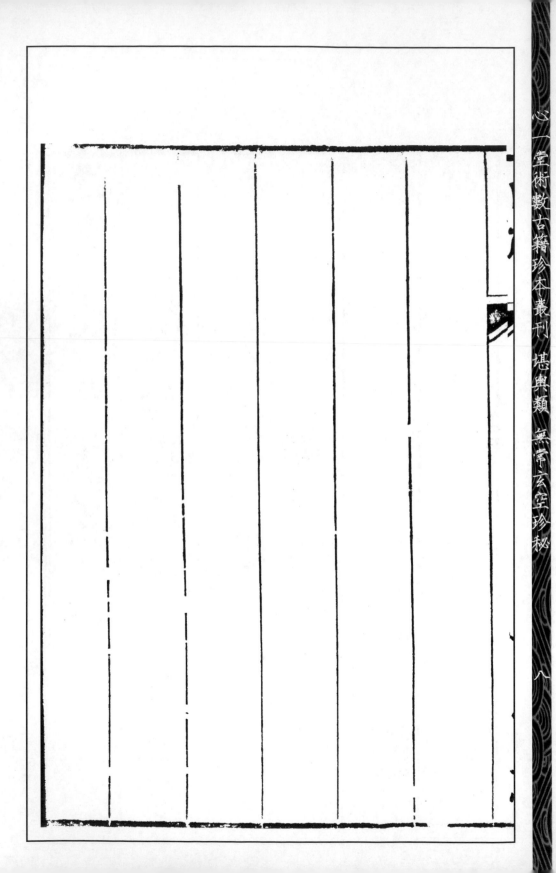

心眼指要全集

山龍 弁圖

巻之四

平洋 弁圖

心眼指要卷之一

錫山無心道人集　門人　桐鄉陳卿懸　長洲柯遠峰　金匱錢荊山　同較
子　雲谷
孫　其煥

青囊內傳 即海角經又名三字青囊

天德純數迺遵理順逆萬機神六甲運五賦行法五子遁入門布雷使祭金精銜五氣攝九靈鋤叛逆超神英星巒

方尖圓動直行峙逶迤流平停四望歸八方層審向背祭內神避幽暗迎陽明

理氣

嘗三卦一卦通關天地定雌雄雙雙起在元空審卦氣
配九龍推三吉合八風互用窐分用通顛顛倒無呆宮
此書乃是地理書之祖即青囊天玉諸經皆出於此
世稱黃石公三字青囊者此也有正經星巒理氣三
章星巒正經訛字尚少惟理氣一章眞法失傳抄寫
么誤甚多并有不知其所以然乃牽混胸臆而更改
者如是錯訛者竟十有八九矣 余今窃取楊曾之意
以補之理氣之眞詮使讀者細細玩索而有得焉

雲間蔣大鴻氏盤銘

天地定位陰陽迭更仰觀俯察河洛呈文先後八卦體用咸明抽爻換象闔闢相尋五德爲緯四七爲經宮移度改分秒殊情嗟彼庸術罔識權衡刪邪表正協古宜今分元定卦測日推星天根月窟來往皆春

蔣公盤銘

俯察之理本乎洛書父母六子範十二支三爻成象位參干維三八品配道盡無遺後愚妄作淆亂日滋芟邪表正易簡昭垂

蔣公盤式

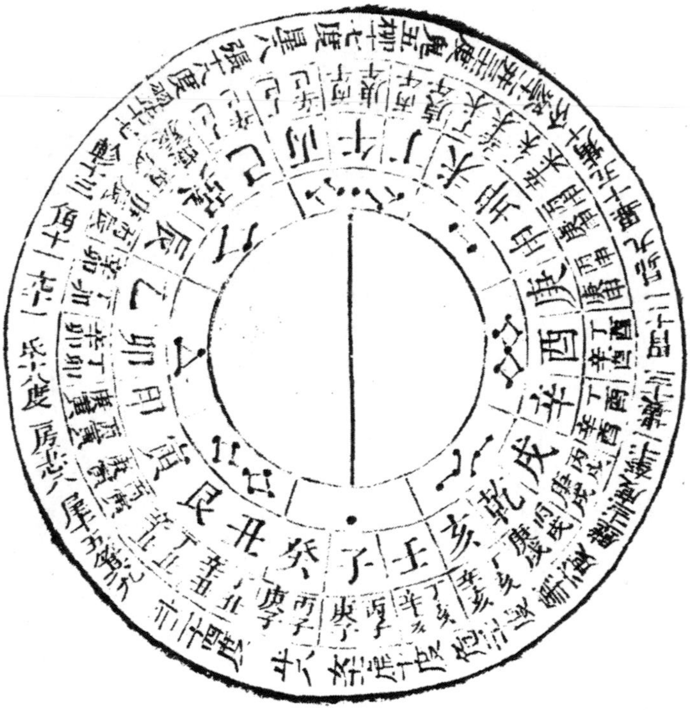

無極眞傳

宗陽氏

凡物必有體用由體立凡物必有用體由用神故有先天即有後天先天爲體後天爲用此亦造化之至理也地爲體天爲用此乃萬物生生化化之機也夫後天之數原本洛書上應北斗主宰天地周流六虛無所不至此陰彼陽無時不易即二十四龍陰陽顛倒變化錯綜都由於此順逆陰陽亦由乎此故曰理氣之正宗傳心之至理也

闡天地之元機一陰陽盡之闢陰陽之閫奧一往來盡

之無往來則無陰陽無陰陽則無來何地落何宮之更變知此則在在之陰陽自有在在之至理卽九星雙起自有雙起之元機矣

乾爲父坤爲母奇耦必本所生中爻一位則左右不患出疆若卦之兩爻則東西正多歧路故必以父母爲最旺之龍亦必以父母爲最淸之氣出而不出三爻辨骨相〃眞歧中有歧八國審交流之義俗術將二十四山分作十二位分陰陽辨順逆者固以甚矣焉能知此乎大數經九易氣轉三元顚倒三八旋乾轉坤元空定卦

分星起星下卦之法都由北斗運行而使然也其法分一二三四五六七八九為三元至其陰陽順逆顛倒則又隨時而在者也

夫定卦分元辨星審運此非臆造乃出自然蓋天元九氣遞管樞機于支八卦統歸皇極則九星流轉三八顛倒則陰不是陰陽不是陽倒地翻天故曰對不同在元空然是法造物之所忌先師之所秘苟能曉得九星流轉之機則一卦通管三卦雙起之元關自能畧見一斑

卦氣最嫌於雜故此收山納水務取清純而龍氣又病

於單故源派當求滙合若使八神齊到氣水兼收再能兼貪兼輔則上下三元三星六甲直達補救之法亦在其中矣

法者繩墨也其用則工之巧也如乘時立穴之法苟非兼顧星源則龍運未交先遭衰替盛時既代便即凌夷又安能一元而兼得兩元龍力悠遠不替耶苟能裁酌得宜天元取輔人地兼貪即出而不出之要訣亦可得而知矣

天元之後即接人元斯則六甲三分九星顛倒八國轉

移要求諸卦之宗細認統龍之氣倒地翻天半由乎此何位何宮亦由乎此

貪狼即一白五行屬水先天爲乾後天爲坎數爲萬數之始卦爲諸卦之首運值上元氣通八卦星氣和平施力悠遠故此楊公有脉取更取之語然則兼貪已屬出卦知此方知出而不出之妙用矣〇道德經云天得一以清地得一以寧神得一以靈穀得一以盈萬物得一以生侯王得一以正由此觀之一之爲用大矣哉

夫五星者即水火金木之五行也貫行於地而氣行於

天故天有五星地有五行天有九星地有九宮夫九星者即北斗中貪巨是也九宮者即坎坤震巽乾兌離艮與中央也在地之九宮有此闔彼闢此一彼二一陰陽奇耦之殊此一彼二者以顯天心之所在也在天之九星有躔子躔丑旋轉四時隨時顛倒之機躔子躔丑者正司元氣之流行也然此法經四位而起父母者也經四位而起父母由是二十四山陰陽不一顛倒無定苟能曉得顛倒無定之陰陽方知陽在彼陰必在此之竅矣

一交會

龍眞穴的羣山四聚發祖之山過度之山莫不統會或作應照或作關闌或作朝案骨肉一氣情意親切

二交喜

二水相會却如湖裏交鵝山有情水有意氣止水交形上氣蓄之謂也

三交泰

四面情形却與主山相稱不至主弱而賓強體得而用失砂水無欺壓牽動之虞有澄淨安帖之趣

四交媾

道其形曰交媾言其情曰雌雄交媾者是言山水有雌雄交媾之眞情也

五相見

所云相見者即是一山不論一山之陰陽而論與此山相見之陰陽一水不論一水之陰陽而論與此水相見之陰陽者是也陰陽相見有兩說一說是體一說是用體之相見即是山水情形有賓主相迎相見之情狀此義易知惟用之相見如山上排龍山上所得星辰要與水裏所得星辰陰陽相見水裏排龍水裏所得星辰又

要與山上所得星辰往來相見相見者即是陰陽動靜配合生生之謂也

六冲和

冲和是言體得其體用得其用有陰陽動靜配合生生之妙也

此兩節皆是點穴定向之元微冲和相見指體用之盡善者而言也

右四爻及冲和相見言體言用乃隨身之至寶興廢之攸關須口傳心授如昧此理幸勿妄爲自取禍害

仁人孝子宜究心焉按交會交喜者山與水交水與山交交泰者指山水相交有悠悠自然之趣龍脉有一力專注入穴之勢入首有一口吸到我腹之勢主星有統攝周圍之勢砂水有趨承眷戀之勢而水之與砂更有紆迴關截之勢如君臣交泰之義也交媾指陰陽配合而言青囊所云相見指八方而言非謂一山一水而言也即一六二七三八四九陽水陰山陰水陽山元空會合之謂也

八極神樞

一曰清真清者是言來龍來脉來水干支方位之不雜也此謂之清真者眞也眞而再兼不雜方爲淸眞○雜者亥壬乙辰之類也清者子癸午丁乾亥坤申之謂也

二曰專一言干支有干支之專一情性有情性之專一穴情砂水朝案及情性干支都以專一者爲貴專者專於此也龍脉專於此砂水專於此四面拱向之情亦專於此故曰專一也

三曰深蓄深蓄則氣厚淺露則氣薄穴貴窩藏忌突露穴貴和平忌偏斜攲側

四曰端平端平言不欹不側端方平正主山有尊嚴之勢砂水有朝拱之情平者無偏無側之謂也山不論大小只要端方周正定出正人高士忠臣孝子大忌側體顧人定出奸邪之輩

五曰翕聚形止氣蓄方是翕聚翕者合也聚者藏也蓄也謂山水精靈都翕聚於此也

六曰環衛言穴氣須固也四面照顧有情謂之環衛

七曰中和言不偏不倚不欹不側不上不下不沉不浮山水兼得都謂之中和中和云者陽水陰山彼此生生

之謂也青囊經云相見而得其中和之氣者福祿永貞相見而不得其中和之氣者便是禍咎之根者此也八曰明淨言立穴無碍也我不碍人人不碍我自然明淨再水光照穴有情處須得方圓明淨形如鏡者此謂之眞明淨也

此黃輿建極之神符青囊傳心之奧旨無極大士衍此靈符遠遡管郭中及楊曾近稽劉賴無能出此範圍苟能神而明之變而通之誠濟世之津梁救貧之金丹寶之寶之勿示匪人恐招造物之忌也

心眼指要卷之二

錫山無心道人輯　門人　桐鄉陳卿愚　長洲柯遠峰　金匱錢荊山　同較　子　雲谷　孫　其煥

說卦傳

傳曰數往者順知來者逆其法蓋以中五爲皇極中五以前爲往往者順一二三四是也中五以後爲來來者逆九八七六是也又曰是故易逆數也蓋自河圖易出洛書對待縱橫自然之理也逆數云者將往來生成之數皆入中宮逆數其所以逆數之故余不揣固陋特繪

河圖易出洛書於右以博精乎易理者一笑也

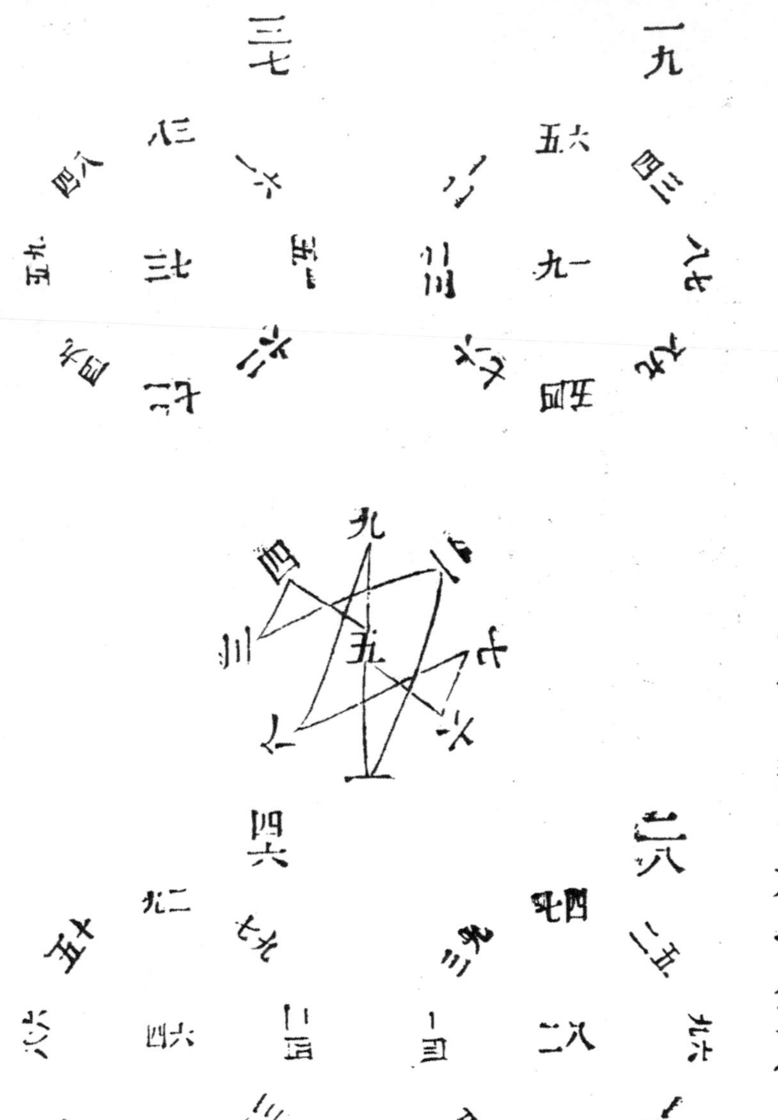

傳心變易圖

兵法有八陣醫方亦有八陣地理有傳心八易一而八之所以通變化八而一之所以辨天心兵法之八陣係國家之安危醫方之八陣司性命之存亡地理之八易順天氣之流行關子孫之興替學者當細心參考青囊天玉之機自能畧見一斑矣

圖南先生八大局卽是地理之八陣特以天心所秘故不敢筆之于書聊因斧本畧露一端貴學者細心自悟

必有所得也

俯察之理本乎洛書

理氣一法原本河圖九氣上應北斗主宰天地化育之道運斡四時流通八國正是理氣之宗祖用法之眞詮如得其訣用之究盈虛考消息測盛衰辨得失如鏡臨物一毫不爽者也如不得其訣徒以洛書之坎一坤二呆方位辨吉凶定盛衰者何異乎刻舟求劍耶

三字經

大元空妙無窮排六甲運九龍來何地落何宮顚顚倒

順逆從卅壬乙是巨門巽辰亥武曲名艮丙辛是破軍
甲癸申貪狼行天心動九宮更是巨門非巨門非巨門
是巨門雙雙起無定名通變化都是春

堪輿爲天地之總名

堪天道輿地道堪輿之道卽天地之道天主降地主升
天主動地主靜天依形地附氣理寓於氣氣囿於形故
形家擇地必使所取之地足以承天天不我隔必使所
承之山足以納氣氣不我去天地合其德體用合其宜
雖讀青囊萬卷無外乎此矣朱子云位者安其所育者

遂其生苟能安其所遂其生即是體得其體用得其用
矣無奈世人不知堪輿爲何物只從水之左來右到立
向消納此猶指天而射魚焉能得中耶○天爲氣之始
故氣機初動而萬物悉資之以爲始也一始則無所不
始而生而成總此一元直貫故曰統天如曉元空之精
髓則天道始終迭運消長之機都在掌握中矣○天者
氣也萬物之始氣始之也生者形始之也萬物資坤以
生然非坤之自爲也乃順承乎天氣之始耳故此收山
納水須承天氣方謂之承生氣○天地之道可一言而

盡其爲物不貳則其生物不測天以一誠運於上地以一誠運於下故生物不測誠爲物之體物爲誠之用體用各得方是物物一鬼神卽是物物一太極○天地不合萬物不生天地合而萬物生天地交而萬物遍得體得用卽是交合至不息者天也至不動者地也一動一靜萬物生生化化之氣機○天以氣煦地以形嫗天圓地方圓者一而圍三三各一奇故參天而爲三方者一而圍四四合二偶故兩地而爲二二萬數皆由此而起

陰陽剛柔

天地之間本一氣之流行而有動靜之分以其流行之氣統體而言謂之天無所不包以其動靜分之而言然有陰陽剛柔之別以其氣而言則陽爲剛陰爲柔以其質而言則陰爲剛而陽爲柔矣

葬乘生氣

葬者藏也乘者接也葬乘生氣即乘天地陰陽化生萬物之生氣然天有天之生氣地有地之生氣天者氣也用也地者形也體也體有山水之分用有得失之辨體有此生彼死之異用有此往彼來消長之分體以活潑

靈動者爲生僵直粗頑者爲死要求龍體之生死全在乎形氣神三字上着眼方得察神氣看色澤挨生棄死去背就面之要訣用之生死葢以來者爲生往者爲死與時合者爲生與時背者爲死要得用之生死當在盈虛消息上揣摹自得察血脉認金龍葬乘生氣之元機矣諸書所論乘生氣三字百二十家千言萬語非從形跡上著眼卽從二十四干支上迷心妄想顛倒播弄出許多名色未曾道著天之生氣如天之生氣卽是化生萬物之生氣此氣葢以當元者爲旺將來者爲生方過

者爲衰過去已久者謂之死山龍平洋山水分用總是一般又云水以向納龍以山收方得山水分用乘生氣之元機生氣卽是化生萬物之生氣山龍水龍陰陽二宅苟能承得天地生生之氣自能發福若背此生氣卽便衰退理所必然此生氣是元空無形之生氣非挨左挨右有形可見之生氣又非長生官旺之生氣讀者宜辨○得其陽者生得其陰者死順天之氣則生違天之氣則死此卽葬乘生氣之元機夫巒頭有形有跡向背生死有形可見體認無難無形者神也氣也變化不測

陰陽不一吉凶無定若非傳心傳眼者可與共談斯道也耶

脉認來龍

點穴之難難於認氣認氣之難難於認脉夫脉之形象細而軟和而緩動而微如人身之脉一般有呼吸浮沉之動氣者爲生直硬粗頑者爲死脉之曲直橫斜卽是脉之變化生死忽隱忽現若斷若續亦是脉之變化生死苟能識得氣脉變化生死之眞情由氣脉再察氣色之榮枯穴情之隱顯偏正任爾奇奇怪怪之穴自無遺

漏矣地理之道不離乎形氣精神所謂有神即生無神即死者此也○脉之形象葢有數種有一種可一望而知有一種初看似無細看實有者或從本身看者或從對面看者或有從傍看者細看方能觀脉之有無也要之穴之有無眞假都在此夾龍來脉上討消息也必須細察爲妥

認生死

地理之道惟生氣最爲難認葢生氣之外上下左右皆是死氣認氣者須於百死之中認其一生一生之外識

其百死脫煞就和挨生棄死於毫釐尺寸之間再辨來龍來脉是何方位是何干支山與水一一辨清再兼用法因地置宜隨時兼取斯爲得之○認生死爲堪輿家第一件要事宜細察之

審理氣

天即理也理爲天之體氣爲天之用理氣云者是分理三元九運運行遷謝盈虛消長之氣也夫三元九運盈虛消長之氣無形可見無跡可尋者也讀者從何可理苟能理得三元九運運行遷謝之氣孰往孰來誰消誰

長必使來者長者而趨之往者消者而避之如是則看金龍乘生氣察血脉認來龍之元機自能了了矣○天地陰陽之化生實生民性命之根源善把握補救之妙用者誠我道代天之大權使我於此而見理不眞眼法不到一舉一動賊害有不可勝言者矣○天道貴信地道貴眞不信不眞萬物不生動者天也變者物從而變化則有不知其所以然而然者也眼以形言體也心以理言用也氣者天之體易者天之用物之千變萬化皆由此氣非有綢繆而能如是也○天有時以生有時以

殺生殺卽陰陽消長之道用法當趨其生避其殺天以陽生萬物以陰成萬物生者仁也成者義也故理氣者當趨其生避其成也

分陰陽

山有山之陰陽水有水之陰陽山之陰陽葢以開面者爲陽收束者爲陰曲動活潑者爲陽僵直粗頑者爲陰又以向穴者爲陽背穴者爲陰也水之陰陽葢以特濶特大者爲陽狹小直硬者爲陰屈曲活動者爲陽破碎偏斜者爲陰有情顧穴者爲陽無情向穴者爲陰干支

有干支之陰陽卦爻有卦爻之陰陽卦爻之陰陽葢以奇者爲陽耦者爲陰干支之陰陽則又以甲庚壬丙爲陽乙辛丁癸爲陰支之陰陽以辰戌丑未爲陰寅申巳亥爲陽至若顚倒無定之陰陽則又以來何地落何宮隨時而在者分陰陽也○山龍須要干支淸純水龍亦要干支不雜如來龍來脉有錯雜之病須求水法純一以補之或山水都帶夾雜之病須用五吉以救之此亦心眼之至要者也

辨順逆

與時合者爲順又名正神與時背者爲逆又名零神順則生旺逆則衰死此順逆是氣運消長之順逆非干支顛倒之順逆也所謂順天者昌此也葬乘生氣者亦卽此也然有山水之分用讀者宜察

推三吉

九星八卦本無有吉合時則吉本無有凶背時則凶推者推算何星旺於何時何卦吉於何運也三吉者有一卦卽有三卦有一吉卽有三吉然此三吉吉凶無着隨用而轉移者也

辨落脉

大凡結地主山必成星體星體之上必起六府小項小項下開陽開面中間微微起脊而落者謂之脉細軟而活動者亦謂之脉行乎脉之內者爲氣生動無脊者亦爲氣忽伏忽起有暈有輪者亦爲氣狹小而微有脊者方謂之脉收而束細如絲如帶此謂之線脉若不知葬氣但知葬脉其不犯剛飽硬直者鮮矣夫人身之脉以氣而行山龍之脉以水而運氣藏于內水界於外眞龍轉折而來者自有曲折之水相應知此方知水爲領氣

之神下文所謂因水驗氣者此也○脉之為狀小也細也微也其狀如絲如帶也微者似有似無則模糊難見細小則顯明而易見故細小比之於微稍為較大也

趧裹稜弦向背之情

趧裹者是言四面環抱有情之謂也稜弦者是言開面開口開肩開手有層有級有稜有角外背內面拱向有情之謂也氣之有無穴之眞假都在稜弦趧裹向背上討消息也○遠看近看前看後看內看外看細看諸山形勢之所歸精神之所聚眞氣之所鍾再察穴情之眞

假土色之榮枯神氣之有無生死此亦看地之最要者也如看地若不辨氣之生死土色之榮枯猶看死尸一般死尸猶是人也惟無氣耳

青元朱白証佐之情

青元朱白即前後左右之別名証佐者即是向證穴證官鬼禽曜朝案之類情也者拱向有情之謂也前後左右果有眞情朝拱則內氣自眞內氣眞再察其神氣果有精光馳聚之致神完氣足之象自能一葬便與父發子榮如神不充氣不足精神渙散氣色乾枯者雖有萬

水千山徒無益也

察生動

生氣藏蓄於內無形可見何以知其生氣而求之抑知生氣止聚之處其上必有動氣動氣者何卽是起伏行止生動活潑有呼吸浮沉之情狀者是也經云動則生蓋謂此也○山以曲動開面開口并有精光融聚秀嫩滋潤之色者爲生粗頑硬直者爲死水以屈曲活動旋轉抱穴有情者爲生斜飛反跳形如木火者爲死○尋龍尋穴爲巒頭第一件要事如舍龍穴而求砂水必爲

花假者所誤今之形家多中此病卽論三元講水法者只求洛書之呆方位某水合某水不合并不論脚下有氣無氣并不論用法之得失此亦堪輿家之通病讀者當細細推求對脉來情水來當面前輩未常不言及氣與用也○萬物之生皆資天之氣以爲始也葬埋承此生氣卽承天之生氣天至動至陽之物其靜也陰所以生物卽是陰卽是靜地至靜至陰之物其動也陽擇地故貴乎動此亦葬乘生氣之一法也

看行止

氣不自行有水以引之氣不自止有水以止之氣不自聚有砂水交會以聚之形止氣蓄水交砂衞再有精光融聚之致方是眞止方是眞聚再察其四面拱向之情再察其穴情之眞假元辰之眞的如是則眞穴眞情俱可辨認苟能辨得穴情之眞的是眞是假到眼自然雪亮又云有行即有止行者動也止者靜也山龍如是水龍亦然○莊子曰水性止能止衆止故水貴乎止蓄也五歌云山有山之止水有水之止若是止形皆可穴葢謂此也

因形求氣因氣求神

氣由形辨舍形何由以辨氣之生死氣因理推舍理何由以見氣之興衰故形有眞僞氣可辨也氣有生死神可辨也又云有氣方言體有體而無神氣者即用得合法斷不能爲福也又云有形自有氣有氣自有形氣依於形形又依乎氣形氣兩兼有是氣必有是神耳

體用各得

地理之道形勢爲體理氣爲用故萬物必先有體而後有用所謂體立而後用行者是也且萬物生生之始未

有形先有氣未有氣先有理如舍體而求用則用無所施舍用而求體體無興廢要之察乎氣審乎勢相乎情度乎理觀乎神合乎時體用各得其宜方得體立用行之精微

地有吉氣土隨而起

有土自有氣有氣自有土此乃陰陽自然之理也此節專辨吉土即辨氣土鼎土骨土五色土之類非辨泛泛之土也有吉土自有眞氣有眞氣自有吉土氣與土相連未聞有土而無氣者也凡到形止氣蓄之處自有眞

氣結聚於其間眞氣結聚自然高於兩傍兩傍自有低田低地爲界貼身有界中間自然高起故曰土隨而起此所云起者是言吉土之起非言凡土之起也鑿穴求土者宜細察之○山龍平岡之起伏有墩有泡有脊有背有面有凹有凸其高低易見平洋高一寸低一寸實屬難看更宜細察○來龍活動到頭脫盡自有吉土或開鉗口或到頭有大小八字分開頑氣卸於兩傍亦有眞土穴形故取窩鉗爲止也

勢來形止

勢來是言山形氣勢從高而下有頓有跌有起有伏旋繞曲動及前後左右諸山都有拱向之眞情形止是言山形水勢到結穴處自有止蓄之情形主山自有統攝周圍之勢砂水自有主賓相朝相顧之情或起頂腰落或開面中抽有優游自然之情狀者方是眞來方是眞止又云來是言穴後來龍來脉之形勢止是言穴情砂水之止不止也形者氣之宅也氣者形之主也神者形氣之精神也形以氣爲生氣以神爲活如舍神氣而求形者眼法之眞詮何曾夢見耶

淺深得宜

地氣高厚土色明亮左右界水貼切而兼深蓄者宜深如界割不甚清楚再兼地氣平薄者宜淺當開鑿金井之時必須視其土色何如方可定其深淺如此自無過淺過深之患矣如土色堅細滋潤而有光彩者宜深深亦不可過深過深日久自有潮濕之患過淺藏棺於粗鬆浮土之中則乾枯虫蟻之患勢所不免須藏棺于恰好處爲妥除去浮土開見吉土深有二三尺或一二尺不等將棺藏于吉土之內不浮不沉不深不淺斯爲得

之夫藏棺于吉土之中自然乾暖自無潮濕虫蟻之患棺槨自能悠久子孫自能昌盛且擇地非爲子孫計本爲祖宗欲免潮濕風水虫蟻之患耳又云深淺得宜地理足矣誠哉是言也平洋培土安墳不過避潮濕以及水浸棺槨水浸棺槨退財傷丁勢所不免即用得合法亦不能爲福故以培土爲先也平陽有龍有氣并有吉土者深可一二尺不等如氣渕者開見黃土即止將棺安於黃土之上極低之處培壯三二尺然後放棺深則恐有潮濕之患棺之外宜用石灰與好土打結以避客

水之患卽羅城攔土亦要內高外低使水易去切不可
內低外高使水蓄于穴中每見今之攔土用磚石高砌
有四五尺者有七八尺者高於塚墩徒取石之好看不
顧水之去不去此謂之攔水非攔土也○紹興杭州及
嘉湖諸郡山龍安葬墳墓金井深者不過尺許此亦因
地置宜之法也培土安墳皆因地氣卑薄恐有水浸棺
槨故此培高二三尺以受淸陽之氣此卽古之架法然
而淸陽之氣亦要所用之地有氣有土方能承接天之
陽氣否則土雖培高三年五載之後虫蟻潮濕之患勢

所不免夫有氣有土此地自暖暖則地氣上升稍有潮濕日久自乾無氣無土則寒寒則地氣不能上升潮濕自來此亦陽升陰降自然之理也

土高水深

氣厚則土厚土厚則氣厚氣厚則左右界水及內堂止蓄之水自深乃山水陰陽自然之理也下文所云鬱草茂樹果得龍氣活動水深土厚草木自然榮茂此亦生氣之使然耳地氣衰薄土色乾枯草木定多衰落之色有諸內形諸外此亦衰死之氣使然耳○地之磽者雖

有善種不能生物又云土敝則草木不長種植尚求吉土何况安墳關繫子孫休咎乎

細察氣色

生氣即生動活潑之氣善察氣色者看其形之動靜即可卜其氣之興衰察其氣色之榮枯即可知其氣之生死動氣是由生氣而動者也色者氣之華也色澤榮枯亦由氣之生死而使然也由此則土色草木均宜細察爲妥又云色澤鮮靈則氣旺色澤枯老則氣死即草木土色亦當如是觀○山有坐眠立三體并有喜怒之形

象如破碎巉巖粗頑硬直石性雜亂土色乾枯草木稀少種種都是怒形山背山脚每多如是如峯巒挺拔秀麗尊嚴開面向穴屈曲活動并有滋潤之色者即草木亦有鬱鬱葱葱之象種種都是山之喜氣必多結作此亦尋龍尋穴之捷徑也夫地之生死全在乎神氣有無而辨也然氣之有無易見神之生死難看大凡非神無以主宰氣脉保合太和流行上下仰承天氣華元化曰神者氣血之先也氣血之先非神而何然則氣依於神神又依乎氣者也

土貴有枝

山龍之幹枝猶木之幹枝老本為幹嫩枝為枝大凡老幹行龍情性堅剛土老石粗結穴最少猶木之開花結菓多結于嫩枝少結于老幹夫枝龍即是幹龍分下傍枝傍脉之類并有幹中幹枝中枝枝中幹幹中枝之別此云土貴有枝者是言正幹行龍愈分而愈妙也既識其分再識其止枝龍止蓄之處即是眞氣眞穴所鍾之地眞穴所鍾水必聚于此此亦山水陰陽自然之妙也枝者分也不分則粗頑之氣不能脫盡故以分為貴也

脫卸愈多頑氣愈盡龍力愈壯土色愈美即水龍亦貴有枝枝者分浜分枝之謂也枝浜愈多龍愈生動土色愈佳氣愈活潑所謂分盡之分者此也

辨神氣色澤

諸書言龍言氣言之詳且盡矣未曾道及神氣色澤夫氣者裏也神色者氣之表也表在外而易見氣在內而難知今因神色易見即以易見之神色而推測難見之氣即以神色之榮枯以卜氣之有無生死古人所謂因形求氣因氣求神者此也此猶醫家望聞問切之法病

之生死安危久暫都以神色辨也擇地者亦當細參神氣爲要神氣色澤物物有之即骨董字畫亦以神氣色澤辨眞假也如宋元名人筆墨自有名人之神氣即本朝南田之花卉用筆用墨另有一般神氣即八大窑之磁器精光神色比凡窑自然各別即漢玉與[illegible]之玉神氣精彩亦屬大相懸絕辨地之神氣亦[illegible]以此法參之地之眞假疑似可一望而知矣神也者神完氣足之謂也神氣充足自有明亮光彩滋潤之神色見焉○丁財茂盛之家墳上樹木必茂土必滋潤子孫衰落樹

木必定凋零土必乾枯并有初葬合法樹木極盛合葬失時樹木頓衰此亦是所承之氣使然耳又云小地看精神大地看氣局大地雖重氣局亦不離乎精神耳

考眞假

土色佳美神氣充足形止氣蓄水交砂衛即前後左右來山來水處處拱向有情還要細察立穴定向之得弗得耳古人云地無大小一眞便發又云地無吉凶葬法得則吉失則凶故以得穴得用爲最要也

辨得失

得穴得用并得補救是謂之得如得用而不得體得體而不得用均謂之失卽體用俱得位置稍不得其當者亦謂之失也

審向背

水之外卽是砂砂之內卽是水水向卽砂向砂向卽水向乃砂水陰陽自然之勢也又云向背在乎情性情性向乃爲眞向

察穴情

來龍來脈俱已詳辨惟穴情爲砂水之主宰不可不察

也明矣穴之情形千變無窮總不離窩鉗乳突四種窩鉗爲上乳突次之然窩鉗不離乎乳突乳突不離乎窩鉗窩鉗穴後不起突前無唇簷便爲空窩乳突無鉗窩則葬口不開立穴無據貼身有蟬翼陰砂邊有邊無邊長邊短都不必拘拘只要有一臂便結形如牛角者佳

要知龍穴砂水笱縫門合之情

龍從左來穴必結於右龍從右轉穴必結於左此龍體旋轉自然之勢也夫笱縫門合四字是龍穴砂水相朝相顧雌雄相配主賓相迎之情狀也苟能識得笱縫門

合之竅任爾左栖右閃奇形怪穴俱可辨認矣然則眞龍之結穴變化無窮難於盡舉只可言其門合之情形耳○門合即是山水有賓主相迎相顧之情道其形曰箭縫門合言其情曰雌雄交媾

童斷石過獨

不生草木曰童草木不生生氣已絕俗呼剝皮龍者即此也斷是鑿斷開傷之謂非跌斷之斷鑿斷開傷此謂之病龍故忌石是滿山頑石無頭無面無分無界之亂石山故忌如螺絲吐肉老蚌生珠每每多在石山須在

吐肉生珠四字上着想方不至誤石山土穴葬下禍不旋踵者總由無爕無平陰斂剛飽渾身是煞故也過卽是此山過彼山之過斷不卽斷起不卽起牽牽連連無背無面左右又無護從遮攔風水一派純陰之氣故曰不可葬獨是乾枯無神之謂卽無背無面不分不界無枝無脚亦謂之獨非是出洋磊結獨墩孤泡獨山之獨也卽大山博小山不開陽面不抽嫩枝亦謂之獨獨者謂枯老無發生之機也

收放

收者束也龍身行度處以束定峽到頭一節以束觀入首所謂束氣者是也平洋無脊脉可憑全在收處察其眞假証其來源放者開也帳蓋之大小纏護之短長均於此定之大收大放蓋帳關峽是也小收小放峯腰鶴膝是也收放愈多則愈有勢放愈大則愈張揚收愈小則龍力愈壯故穴後入首一節之收放比後龍更爲緊要耳不拘平陽平岡山龍都宜如是

分合

穴後宜分不宜合合分則頑氣自脫穴前宜合不宜分合

則砂水自向門戶自閉又云有地無地且看下臂又云下砂不轉莫尋龍此數語豈非尋地之捷徑乎

來情對脉

山龍有九星正變之象水龍亦有九星正變之象山龍有主山水龍有城門山龍有來脉入首水龍有來源入口并有兩浜界水止處必須界抱有情山龍入首結穴處須求眞止之情形水龍照穴有情處須求方圓明凈方爲眞水五歌云對脉論來情者此也水來當面者此也

山龍一線平洋一片

山龍一線平洋一片一線者言其狹小也必須細心察看方得其一線之眞土眞氣否則夾砂夾石水濕虫蟻之患難免矣一片者言其廣濶也廣濶者須求動處爲是水有一兩處來者有三四處來者來處雖多用法須歸乎一氣此亦平洋納水之要訣也如半得半失者定主房分偏枯得三失五者退財傷丁勢所不免矣

一望可知

大凡山不開面土必粗鬆春夏大雨小石粗砂必隨水

而下隨水而下路上必多粗砂小石几山麓小路有砂有水有小石者不必登山如護龍砂及送龍砂等等定有小石浮砂此亦辨土之一法如色澤榮潤土必堅細土色堅細路上自無小石粗砂草木自然油澤草根自然稠密界水自然親切而兼深蓄否則左右界水自爲浮砂坌塞草木休愁路多細石種種都出土色粗鬆之所來也此等在識者可以一望而知余恐初學者眼力不到特此指之

體用並重

地之可否固在乎體貴賤實由乎用如用法得宜富而且貴并能悠久如用弗得其當退財傷丁子孫下流無所不至由此觀之體與用並重也細細推之用更重於體矣

水有公私

水有公私過客特朝之分公者公共之水無所專於一處者此謂之公私者一穴獨受干支情性都專于此者此謂之私過即此卦過彼卦此方過彼方之過無潤無狹無灣無曲無情於穴者謂之過客特朝者對脉處恰

有枝水特朝長短曲動與來龍相稱者爲佳取用之法當用眞水特朝者爲先次收公過最爲得法如誤用恐有元運不一房分偏枯之患矣

因形測氣

穴中有生物及紫籐茜草之類亦可猜測而得見有此籐斷不可改動即不見此籐但見氣色滎潤亦不可更動稍動必至傷丁大凡直達補救兼收自多諸吉其所以生化都由山向水口所用之星辰得弗得以辨吉凶者也以上種種在識者按其山向水口地氣即可卜其

有無卽浮厝棺槨看其磚石之神色卽可知其生物之有無苟能知此覆舊易易耳不但覆舊之易且不肯亂動人家墳墓矣

水辨眞假

有情照穴者爲眞無情顧穴者爲假如來龍活動土色堅潤或兩傍有水界割其氣自淸或龍到頭止蓄之處內堂有點眞水大旱不涸恰與來龍來脉相稱方爲之眞水眞水者來情對脉水來當面之謂也如水色混濁并有臭味及偏斜反弓卽易盈易涸等等都由地氣與

水不交故謂之假

因氣驗水

此云因氣驗水亦可云因水驗氣有是氣即有是水有是水即有是氣氣水相交方謂之眞水但有水坐下無氣者仍不可用也故曰因氣驗水也

因水驗氣

氣者水之母水者氣之子也有氣斯有水有水斯有氣氣無形而難見水有跡而可求水來則氣來水止則氣止水抱則氣全水滙則氣蓄水有聚散而氣因之聚散

水有深淺而氣之厚薄因之故因水可以驗氣也若池湖蕩胸瀠面無擱則氣不聚無案則勢不可當即易盈易涸急去急來倏淺倏深者均非盡善之謂也惟大水之內又有小水重重包裹方見氣之藏而聚大界水之內更有微茫隱隱分合方見氣之動而止故眷戀迴環交鎖織結皆是氣之所在也穿割牽射反直斜冲皆是氣之離也如反者使其環抱直者使其曲折挽回造化亦在人功但本身小水有情顧穴者務宜挨親幹水無意留戀者不可扳援若山谷之平陽山多水少雖見大

水無害總要自己界合爲先并宜大小兼收爲妙也夫
氣之盈虛消長上通乎天下貫乎地應乎萬物神氣相
感體用得宜生生之道在其中矣五歌云直來直去龍
之僵有灣有動龍之活水龍如是山龍亦然所謂水來
當面是眞龍者此也所謂對脉論來情者亦即此也〇
平洋以水爲龍者法宜培土安墳若地有眞氣龍眞穴
的開鑿安墳亦吉如蕩然無氣者即培土亦不能發福
非但無益且有水浸之患矣〇精生氣氣生神神完氣
足故曰神氣爲巒頭第一件要事宜細察之

隨地取裁

看地非獨心法變化無窮即眼法須要活潑靈動斷不可拘執如九華天目句曲都是老龍幹氣尋得龍穴砂水件件合式大者開族小者不過丁財而已如蘇杭湖松脫刼龍稍有一樣可取鼎甲科名連綿不絕若拘呆法覓地更難矣即脫刼龍亦有老嫩之分如蘇州之羊山貓山鹿山以及獅山等諸山色澤神氣土色都帶乾枯即是脫刼亦不結大地如洞庭七子天平山及常熟虞山無錫惠山江寧鍾山諸山神氣色澤土色滋潤猶

花木一般節節開花枝枝結菓諸山亦有老嫩背面之分斷不可拘拘故曰隨地取裁

移步換形

稍移則形象更換形象換吉凶不一勢所必然全在未立穴以前格定方位細察星體情形合吉則用之不合再移移到干支方位山水情形都合爲是斷不可脫龍脫脉也

種植方知

高山平陽平岡種植土人必擇物土相宜而後種植如

種地黃山藥山茹蒿蔔生薑芥合等等必擇沙土而兼潮濕者如種松及竹須擇浮土而兼高燥者如種楊梅桃李花菓亦擇砂土而稍帶鬆濕者如種栗亦擇砂夾土而兼鬆散者此亦覩其所植即知土色乾潮此亦遠望之捷法也要之木質堅細者土必堅細木質粗鬆者土必粗鬆此亦物產之自然

看地至要

平岡平陽看法與山龍一般第一先看神氣土色第二要看龍身活潑靈動第三要看界割清切第四要看四

面照應却有眞情顧穴第五要看過峽起伏第六要看堂局水氣止蓄團聚第七要看下砂關攔有情有力第八要看八方不順第九要看穴情眞的第十要看砂水相稱穴情隱顯偏正然後再言點穴立向之得失苟能如是誤八之過自少矣

得氣所生

大凡發地塚上都生樹木其所由來亦由用法所得之氣而生者也如海寧陳氏祖墳塚上生檀樹常州呂狀元祖墳塚上出椐樹上虞沈侍郎塚上生松樹宜興崔

氏墳塚上出朴樹以上所生樹木等等必由向首所得之氣而生諸家位至極品族盛丁蕃富貴不歇惟塚墩上天生樹木得氣所生故不可伐伐去傷丁勢所不免余友姓姜名堅號賓夫祖墳在江都北門外塚上生穀樹大有數尺姜公因穀樹中空擇吉砍去道光拾年冬季兄弟四人少丁都犯血症而死此乃伐樹之故也余恐人家將墳塚上樹木亂砍故特誌之

四大承氣

地理有四大承氣法土承積木承風水承氣石承煞凡

有煞氣照見斷不可堆做石工等等石能招煞故忌水
惟止能止衆止龍氣遇水而止墳地故貴乎得水大凡
墳地有凹風吹着者忌種樹木因木能招風山地更甚
故忌積者高也厚也堅細而有光彩者謂之積故擇土
貴堅細而有光彩者也

四時看法

天時雨陰鬆土砂土浮面爲雨所潤最爲難看然土雖
滋潤必帶潮濕所謂剝皮者是也天氣嚴寒雨雪濃霜
之後粗鬆浮土必定凍酥不必粗鬆浮土而然即氣薄

砂體潮濕之地無不皆然四季看色之要有氣有神者
春初草必先青綠無氣無神者草必遲發而早凋秋冬
九十月衰草如老年頭髮一般軟而色淡枯而無神者
定然無氣再者地土粗鬆多生粗根根深之草木如夏
秋多生蕨草葛根之類石多土少定出拳曲之木此亦
理之必然者也

天池攷驗

山頂上有池水謂之天漢又名天池下有眞結上必有
天漢不拘山之大小幹龍起頂將近結穴處頂上定有

此水此亦陰陽自然之理也黔州范墳上有池三個宜興龍池上亦有池三個江陰君山山雖低小頂上有池七個揚州甘泉山頂亦有池其味甚甘故名之江寧保山鍾山頂上都有池鍾山下有明太祖孝陵在焉保山下有方氏祖地在焉此水是天地精靈之氣所結最為尊貴

土在是穴即在是

探土有山地平洋之別山地看准龍脉入首有穴情疑似者必探其土色可否然後點穴方不至誤土必變色

四色五色堅潤爲妙平洋採土第一要開下四五寸即見吉土爲佳次要左右近界兩傍黃土要深深則方見吉土之起處爲是如龜脊牛背之形及開下一尺二尺見黃土者即有潮濕之患

忌動朽棺

太平日久山地非舊時眞面目者居多不可不加意細察張氏祖墳賣爲李氏安阡不數年李氏墳又改爲別姓更換一姓堆做一回故曰非舊時眞面目也墳塋每每逢着熟地都由心眼粗踈之故輕易動人朽棺腐骨

并有遮攔別姓墳墓之向道以至敗絕并有不顧人之可否因有小利可圖而不顧人者種種弊端罪不容誅爲將來者戒 余於道光丁亥年冬季遊吳門見西跨塘之西有吳氏墳墓乙酉年八月新阡葬時動無主枯骨無數地師卽於是年死絕吳氏不及二年亦絕此動人枯骨之報也大凡擇地安葬必先積德地有吉凶德有厚薄德薄者葬凶德厚者葬吉此乃天地陰陽自然之理也無德者欲葬吉地本屬妄想還要動人枯骨碍人風水天降災殃非絕而何如常熟蘇州無錫惠山常州

茶山蘇州七子墳墓重而又重疊而又疊猶如閶門市
屋一般開鑿金井難免不熟稍見磚灰等件理當讓一
棺兩棺地步塚墩坍塌隨時堆好在有力者另尋吉地
以安其祖父方爲盡善否則數百年之後難免別人又
來動爾祖爾父之棺槨理勢之所必然者也

關繫非輕

醫家不盡心力心眼不到誤投藥餌藥殺一人堪輿心
眼不到誤阡墳墓絕人一門關繫如此可不慎哉可不
慎哉

初葬合葬異同

新做墳墓只要顧山向水口立穴定向用法之得弗得耳老墳上附葬有塚自有八方先要看在何方何位流年空利否即合葬亦要推算得失與初葬更要小心何也初葬是初葬之時合葬是合葬之時陰陽顛倒竟有大想懸絕者可不加意細察乎

心眼指要卷之三終

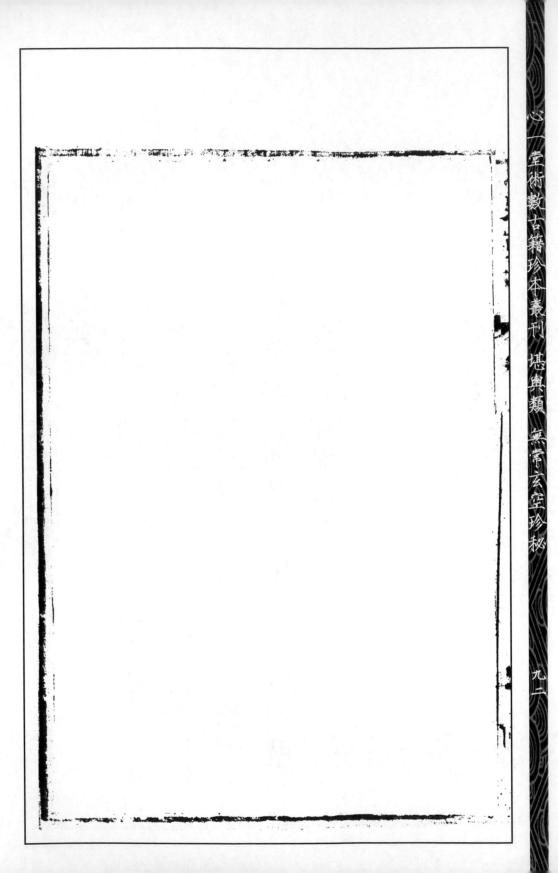

心眼指要卷之三

太平孫竹田氏著

錫山無心道人纂

門人 桐鄉陳柳愚 長洲柯遠峰 金匱錢荆山 同較

子 雲谷

孫 其煥

一堪輿之學本是性理之一端非深明經史者不足以知此無奈世人安于固陋不甚推求有視爲奇術甘心受欺者有不擇吉凶聽之天命者更有漫然不信謂無此理者種種塵勞同歸愚劣可勝歎哉今此書返本窮源言極醒豁欲于天下仁人孝子劈破疑團浩浩蕩蕩灑灑落落相與養生送死于光天化日之下不堪爲操

餽者贈也

一葬埋之事所以安死者非爲福生人死者旣安則生者自福不必更生妄想于其間也今之術家胸無實學專以禍福動人爲一時取利之計主家惑之有以親骸爲邀福之具遷移不已者有視爲畏途停棺累世不葬者更有蠢爾無知凶貧病無聊以親骸爲禍根燒毀拋棄者此非禍福之說有以致之哉鬼神有知能不陰奪其魄也耶今此書但明葬理理明則疑釋疑釋則吉凶判然洞若觀火自然頭頭是道而無風蟻泉石之患矣

彼不務窮理而惟禍福計者不必觀此
安葬之制蓋始于中古河洛出八卦畫仰以觀于天俯以察于地于是乎識山川之情更徵之以人事而得其義其義云何曰尋得一點生氣而已生氣所聚內蘊精華其土細密膩如團粉葬之者安得之者昌然則生氣固可識乎曰可氣本于天質成于地天有陰陽地有剛柔惟柔故生惟剛故殺山體剛剛中取其柔以爲生之機猶之一陽動于坎中而萬物始生此生氣之義也
是故觀此圖而知象觀是書而知點穴之法窩鉗乳突

穴之象也葢粘倚撞點穴之法也更有法中之法名曰理氣若夫立向消納承氣收水莫善乎理氣理氣者卽大元空五行分理三元九運運行遷謝之氣也苟能如是巒頭理氣無所不當矣

窩者太陽之象也陽生陰中外剛內柔宛然藏蓄旁有範圍前有氣口眞氣內注穴宜深取然有陽必有陰有眞必有假辨之旣清方知取舍

陽窩

窩形圓整輪弦明白中有肉地肥嫩細軟前有氣口以顯情性美穴也其

太窩

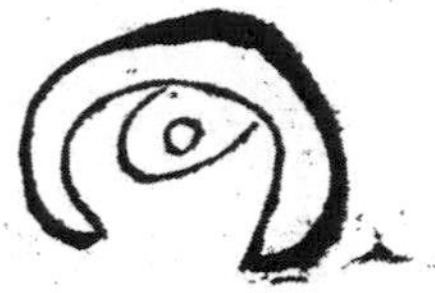

兩掬環抱如拱手樣者曰合口窩兩脚拍開如糞箕樣者曰開口窩窩中肉地又有出氣進氣之不同其肉地微弦向內收入如人之呼者曰進氣窩向外吐出如人之噓者曰出氣窩進氣宜穴上弦出氣宜穴下弦

凡窩中肥大圓滿可容三五穴或至廿數穴者可盡其量而阡之若窩大而深濶其中肉地或不能滿則窩上

邊窩

必有一脉微起如額或自邊自角注入窩內拖出嫩肉則緊接而阡之如見肉地沿邊吐出肥厚者則氣已下注穴宜阡出窩大而有肉吐出復起塊突成穴者尤妙此龍氣旺極之所結也

山勢上聚吐出平坡窩弦一邊勾轉作案內有肉地明白者曰邊窩橫龍貼脊勾窩亦然

空窩

側窩

龍來成窩作穴而中無肉地則氣必化于弦上平坦肥嫩下陰上陽穴阡弦上然以肥嫩爲要稍帶枯老即是空窩阡之必絕

又有窩體偏斜而輪弦肉地明白者與正窩同

又有兩窩三窩並立或相背如鼎足但中有肉地阡法如上

陰窩

陰窩輪弦不明或陡削如洞壑中無肉地陷如漏槽此純陰之象生氣不注之處也故古人目之爲空窩冷窩不可穴穴之絶人

鉗者窩之變體少陽之象也其形直有似木星之象陽動而陰裂生意出于鉗中眞假宜辨

陽鉗

鉗頂微微隆起如額而無界水淋頭之病兩股肥嫩齊整而無直硬走竄之病鉗心平坦有肉而無漏槽傾瀉

陰鉗

兩股走竄
鉗心傾瀉

鉗中有窩

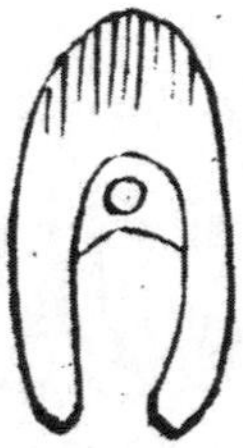

鉗中有乳

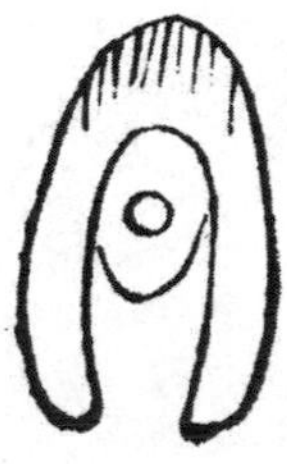

之痕小者秀嫩而不瘦削大者肥軟而不臃腫方為生氣所鍾之處陰鉗則反是不可不審

鉗中要有肉地如虎口中之軟皮肥嫩平坦輪弦明白外看如鉗登穴如窩者方妙

鉗頂俯下則鉗中吐氣如乳要肥嫩平坦從輪下吐出方妙若貫頂直出尖硬瘦削則為假乳矣乳假則鉗亦假

斜鉗

側鉗偏乳

側鉗橫擔

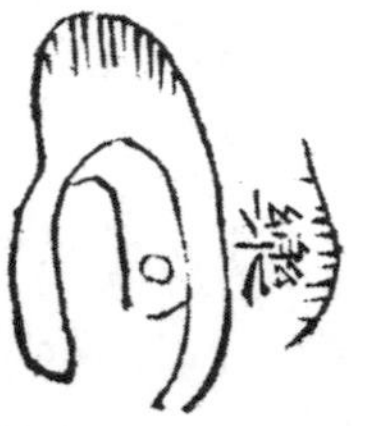

來龍勇猛勢不能收兩股斜飛有似走竄者曰斜鉗與正鉗同荅龍止氣鍾自有一種英發處者也此當另眼相看者也

側鉗氣不中出而旁行偏股閃出微肉而鉗心反成漏槽須要龍眞脉到該有止處細看明白或成直乳則要乳頭肥嫩界水微分或成橫擔則要輪級分明肉地肥厚或成窩曆則要陰中泛陽肉地明淨方爲生氣所鍾之處大龍正結

側鉗 窩屬　合鉗　分鉗

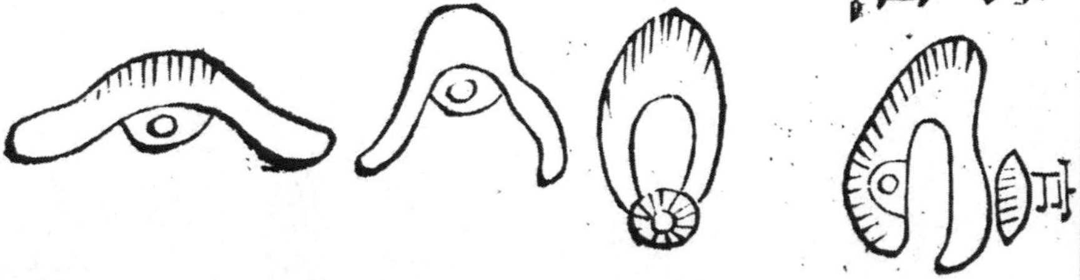

往往有此此龍強氣急之故也切勿于
無龍無氣橈棹之中模糊亂下
合鉗中虛力在兩股股頭合氣隆起塊
突成穴後漕雖卑下無害也分鉗兩股
拍開似乎無情然鉗中明淨與正鉗同
又有曲鉗長鉗短鉗之不同俱以其類
推之邊曲邊直者曰蟠龍邊長邊短者
曰單提邊單邊雙者曰疊指皆鉗之變
體也穴多阡弦上嫩肉不落鉗中

突者太陰之象也其性堅剛其氣收歛故其形特地隆起或圓或方或曲或長如珠泡龜魚蚌蛤之屬皆陰象也陰中泛陽剛化而柔乃含生意如純陰飽硬穴之絕人蓋乳突之穴皆陰體而用陽惟取其用勿犯其體始稱善葬

陰突

突陰象也高頂塌腳飽面此突之本相不能成穴者也時術妄作開孤取水未有不敗絕者又有一等頂雖平而無氣口腳雖卓而不開面亦陰突

陽突

突上看如此形

側面看如此形

之變相不能成穴者也其長阜與方墩俱以此推之

凡陽突其頂必平後高前低上有窩靨前有氣口陰中泛陽乃能成穴其輪弦必卓起如覆盤則氣始有所拘攝而不散不論高低大小皆然平面者居多亦有側面而有輪級者其力量大率相倣

梭子

腰子

蚌肉

横長而腰濶兩頭尖者形如梭子要頂平而開面兩頭稍殺脚卓有弦生氣聚于平中阡中濶處

横長而兩頭圓大腰鈌者形如腰子要頂平脚卓前有氣口則生氣聚于凹中宜阡中凹如中凹狹小而兩頭有圓唇吐出者則阡兩頭

横長而脊隆下鋪平坦如蚌之吐肉上陰下陽宜阡其肉

併突

陰陽併突

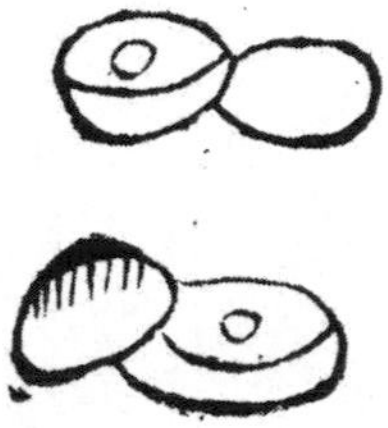

品字併突

橫長而兩頭微起面平中坦腳卓則生氣聚于中形如兩突相併宜阡併處

橫長而頭高頭低者上肥下薄則阡高穴下柔上剛則阡低穴

又有三突相併如品字樣者頂平阡突突陰阡肉如一字樣者穴阡突面面陰則不成穴

少陰之氣流而爲乳直吐而出急如飛矢利如劍鋒穴之孤剛而難犯者莫若乳矣地師愛之主家信之山脚荒墳纍纍如黍穿不悲哉此無他眞假不辨之故也夫乳剛氣也剛必變柔乃有生意是故君子于乳穴尤爲謹慎

陰乳

乳者剛氣也隆如龜背腫如冬瓜瘦如竹篙峻如劍脊此乳之本相也犯之絕人蕭客云時人不識無中有多向孤陰乳上尋即此

陽乳　側乳

陽乳圓淨平坦肥嫩和緩如花之蕊如木之芽其出脉必低多在山之足高者不過山之腰蓋脉低則不犯剛殺方露生意斷無貫頂直出貫頂直出者皆砂也其或脉高乳粗剛氣直出其生氣必閃出一邊或閃乳側乳等穴穴情賦云雄粗帶側尋即此蕭客云誤葬每因求正面仙人多是下偏坡亦即此

閃乳

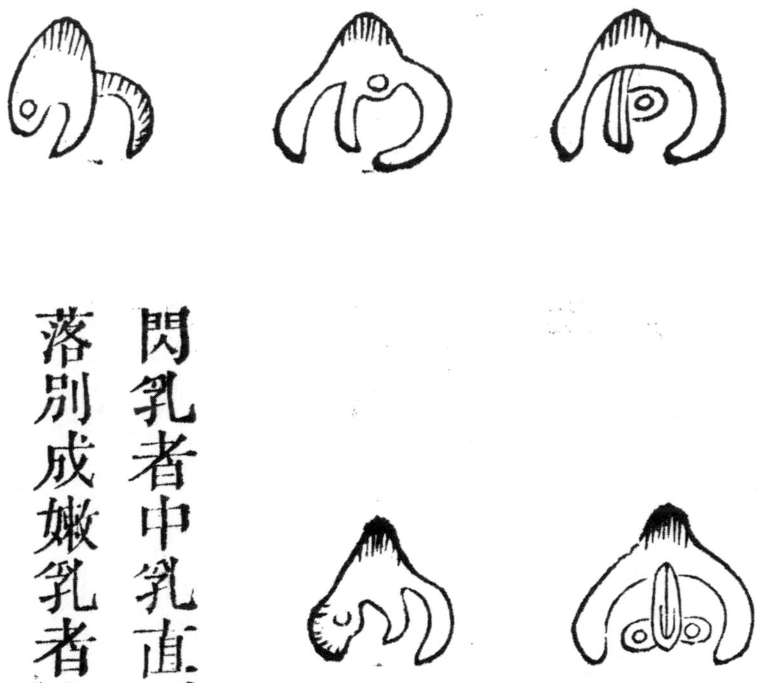

閃乳者中乳直硬不能成穴生氣旁落別成嫩乳者也與側乳不同

短乳

長乳

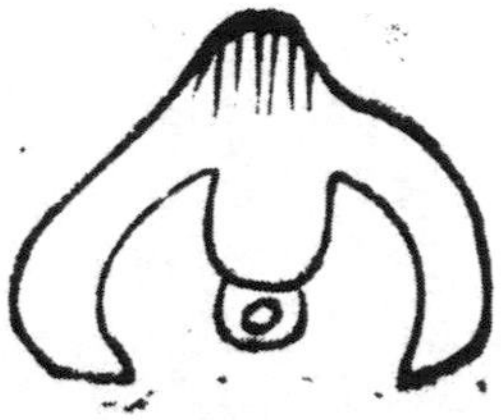

大乳要渾厚肥嫩有收拾不怕擁斜竄方見力量之大長乳亦然直阡古根取其聚精會神之所也短而潤者宜覷兩翼必有飛張之勢即禽形懇穴也飛鵝亦長乳粗雄潤大則阡冀門下粘穴又有兩乳三乳並出者俱肥嫩則俱可下又有數乳齊出俱直硬落下合鋪一坪肥厚圓淨此為合氣乳力量極大

葢者頂門之穴法也山勢簇擁俱從頂上盤旋靑陽之氣上聚下散山脚壁立一片純陰全無氣下則穴成顚頂出陽之龍頓起星峯仰而不俯則氣不下注亦成高穴穴仰多窩形以太陽之穴而上居至高之位此淸陽上升之象也又有一片平坦肥厚恬靜而無窩曆之形者則陽土之氣化而上升故其山勢亦成上聚凡上聚之穴陽氣充足不犯陰殺明堂遠照從砂遠護不怕風吹不畏孤露法宜用葢外觀其形內察其暈佐以吞吐量其淺深此用葢之法也平面之突形如仰盂陽泛于

上亦宜用蓋俗人不識穴形以爲孤露破突作粘地靈受傷葬凶之禍不免矣

熖天蠟燭

仙人出神

鵲巢

皆立木項上開窩穴也無枝者爲蠟燭有枝者爲仙人頭開者爲鵲巢法皆用蓋

立木開花

眠木阡節

丹爐覆火

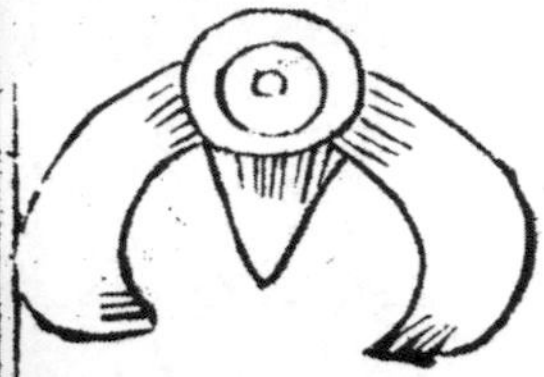

眠木如意頭穴

皆突中開微靨穴也法俱用蓋

此金頭火腳頂上生窩水火既濟之穴也法亦用蓋

水面蟬光

平面高突

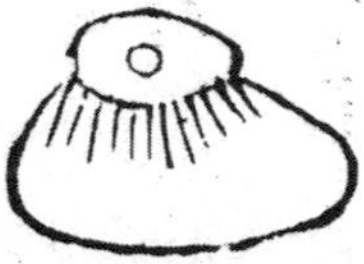

平面低突

葢

花

大坪帶水形上起微突如水中之月影畧分魂魄挨光正葢葢水非金不斂故必起突突非靨又不能成穴也

高者如架上之金盆低者如落地之金錢盆必有窩錢必有靨皆葢穴也

衆突皆花穴必在葢衆突皆葢穴必在花突上俱有靨成穴亦葢穴也

粘者粘也陰中取陽之穴法也山勢俯下後有駝背前有凹脣開顏下照止陰下陽上散下聚氣出于足則成乳形以少陰之氣而成穴于至卑之處此陰降而爲陽生之象也故其乳形必如花之初蒓如木之始芽生意已露方能成穴若降而不化如蛇頭鼠尾尰脚脊箕懶坦偏斜淋頭塌脚總不脫乎純陰之本相犯之絕人夫陰即殺也乳而曰粘即所云脫殺也陰降而有陽之可扶則爲脫殺即脫根而粘如陰降而無陽漫向山脚盡處指爲龍盡殺脫扦作粘穴此庸術之誤人而荒塚之

所以纍纍也山半亦有高乳多是閃出亦作粘論

大葩

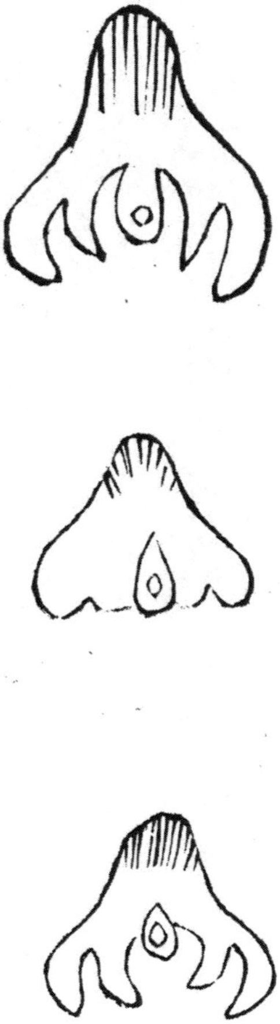

凡乳形多出于木木星出乳形如花瓣故名天葩有已開者有未開者有藏者有露者其形不一俱作粘論大抵出脉要嫩乳頭要肥界水要清若直硬粗瘦則爲山脚犯之殺人

苞

花未開者爲苞俗名爲蓝木花不作粘蓝則生意方吐故可作粘穴眠木立木皆有之

老椿

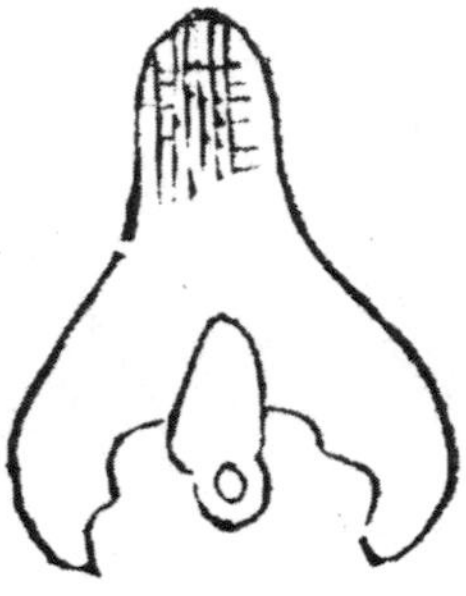

俗云深山出老椿然老椿不生嫩枝如何成穴蓋老木多作祖山或爲他山之用神若頂上生窩則爲鵲巢之穴否則無用

飛鳳

有尾爲飛鳳無尾爲飛鵝眠木立木皆有之俱作乳論阡糞門穴看尾上有微靨處方是要肥嫩不宜瘦削立木作撞粘眠木作倚粘

偏乳

濶乳

立木有偏乳作蟠龍單提等穴眠木有濶乳濶類金邊卽鍬皮穴也俱作粘論

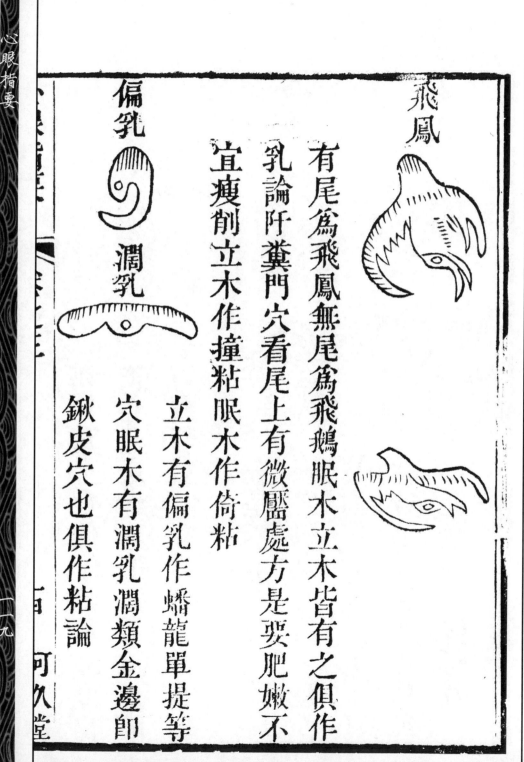

楊柳枝

梧桐葉上生偏子楊柳枝頭出正心凡是嫩蕋俱作粘論蒹葭芍藥皆然

金邊

腹穴

翹穴

水乳

金星不出木乳若宿鳥腹穴翹穴則爲金邊可敲亦粘穴也水土不可粘若出木乳則可粘矣舉此類推通變可耳

倚者左三右七之義兩乳兩耳門兩鼻庫兩鼠肉兩切脉兩肩窩側脇斜掌之穴法也脉強勢急中陰難犯陽氣側出或趨左或趨右旁鋪平坦恬軟肥嫩或成窩乳輪弦分明山勢旁聚側面開堂橫倚如負直倚如扶范氏云雄粗帶側尋蕭氏云仙人多是用偏坡者即此強龍旺龍往往有之多成美穴常見枝節之上旺氣餘波側面柔軟之處山民偶爾阡之便多丁財無奈庸術不悟專好山腳項背直阡未有不敗絕者更有好挑土剛直項墳背以爲接龍此猶執刀而自刺可哀之甚者也

寶劍形

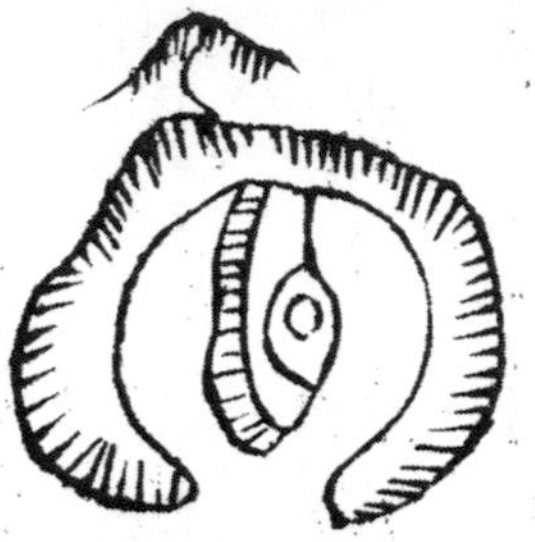

來龍眞正到頭直硬側面畧起微突
成穴頂頭葬者必絕

二式俱寶劍形
血暈穴上式更
佳作劍把穴者
非

老樹
逢春

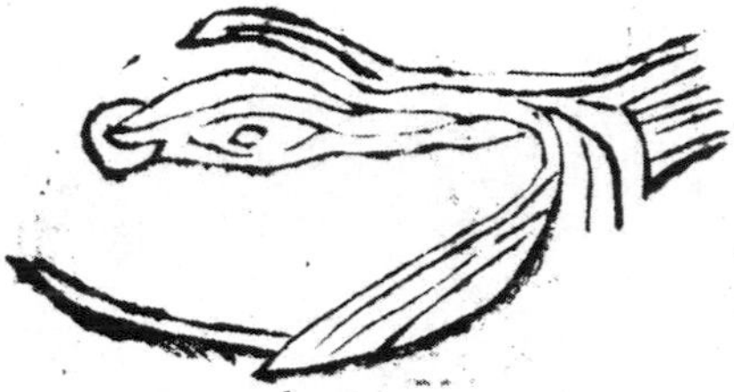

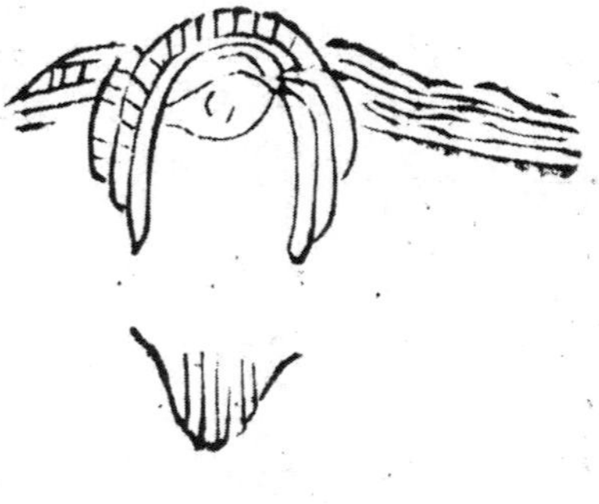

一代進士官止縣令

二式皆眠木一于節上橫裂生𠁅一于丫中橫拖嫩乳猶老樹逢春微含生意法皆正倚可發一代文秀蓋眠木不宜老恐是正龍之躍氣或爲帳角餘波故其蔭不長恐之後嗣

眠犬

舊穴稍差故不大顯

二式皆眠木秀嫩一窩一乳法皆正倚當發文士丑旺丁乃枝龍之結也

立木阡根

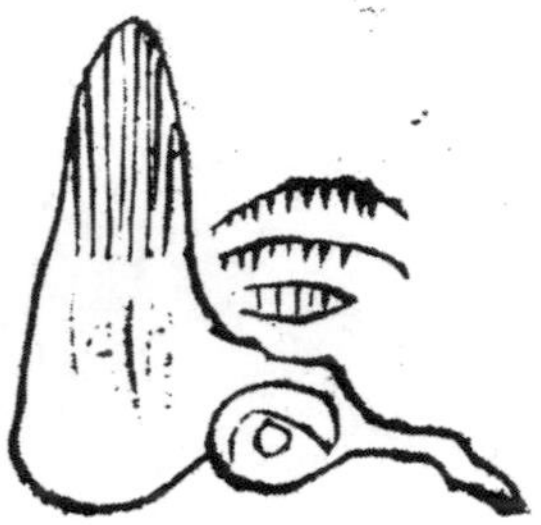

立木挺秀不開枝腳不能成穴看其根上有微窩處卽是生意發露之處也法亦正倚

仙人側臥

立木帶眠名仙人側臥
形滿山皆石奇秀異常
石中開窩阡側穴法
亦正倚

眠木帶藤蘿作鳥巢穴龍[illegible]
秀嫩窩亦明白法亦正倚宜
出才士官清顯人財並旺

切脈穴即沒
骨氣化凹處

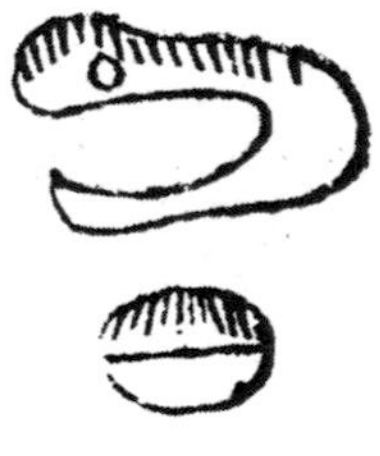

鼠肉穴即
單提氣鋪
側面

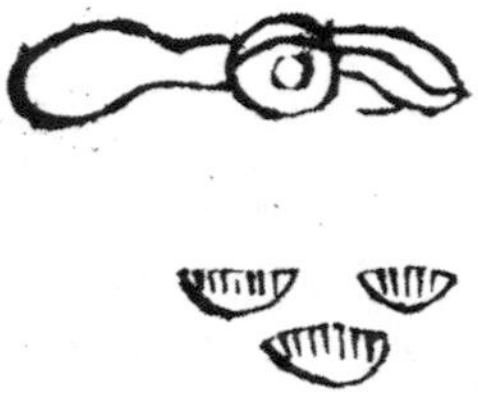

眠木到頭橫開微曆如側掌心
法俱正倚三式皆枝龍之結也

以上十三式皆因穴星直硬側面開堂橫坐作
穴所云橫倚如頁者此也直下必絕餘以類推

左鼻庫穴

中乳直硬旁拖嫩肉名直倚穴頂
中下者犯殺必絕

右耳門穴

豎木正而飽硬旁開小窩輪弦明
白明堂側出穴亦直倚

左肩窩穴

立木不抽枝腳頂上旁開一窩明
白亦直倚穴也俗名仙人咬虱

左側乳穴

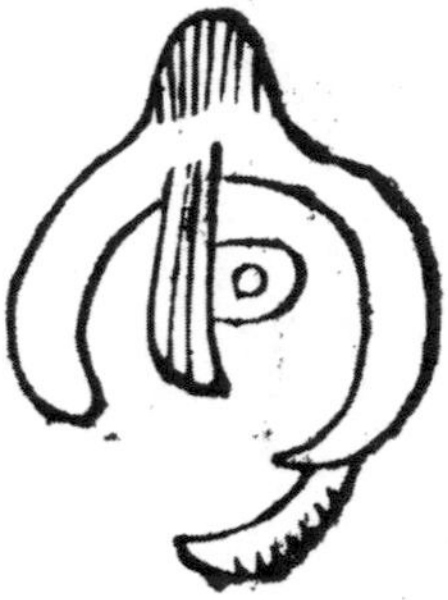

左側臍穴

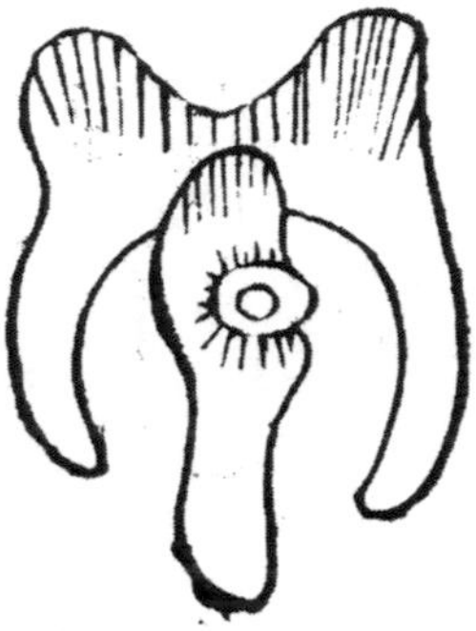

玉絲鞭

立木下出眠木俱直硬旁出肥嫩小枝形如卜字穴亦直倚頂頭下者皆絕

立木中出脉又成立木帶眠體直硬帶石側面開窩成勾窩穴亦直倚也直下者絕

以上五式即所云直倚如扶也

橫木成鞭形頂頭側開微靨成斜倚穴

撞者臍掌心虎口指節之穴法也山勢中聚四旁俱
陰中間泛陽穴成窩曆如人之臍或如仰掌穴取掌心
或如覆掌穴取指節或如側掌穴取虎口陽藏陰中穴
宜深入類而推之則有騎龍翼窩懸鐘掛燈蜘蛛倒掛
飛蛾貼壁遊魚上水金頭木脚等穴皆撞法也撞皆立
體穴居正中故取象于臍亦有平剛而作撞者必是陽
氣中露和暖肥嫩項脉直下法等騎龍若夫高山平坦
龍氣團聚別成一天則兼撞蓋

高窩

中窩

低窩

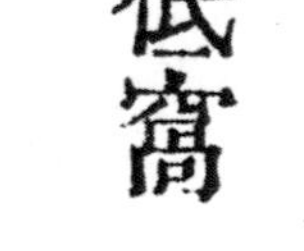

金頭木腳

仰掌

金非水窩不能成穴窩有上中下之異但居正而不偏俱作臍穴猶人有立坐眠之不同也金頭木腳必要水窩木腳多者爲仰掌要有掌心皆窩穴也法俱正撞無窩高妄撞者必絕

虎口

指節

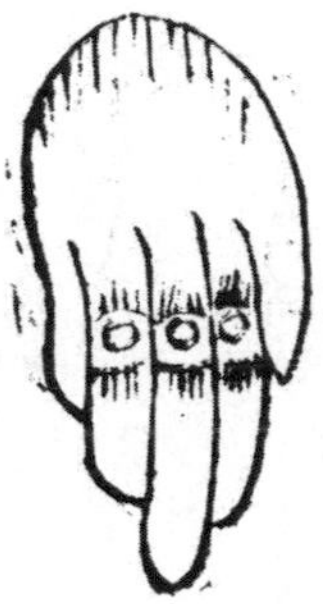

虎口亦金頭木脚之變也陽露而陰開窩形大顯要輪弦分明中有肉地恬軟肥嫩如虎口中之軟皮亦正撞穴也

凡山必有背面之分穴必在面如掌山面在上故穴在掌心虎口形側山面在內背在外故穴在口中覆掌則背在上面在下節上有窩陰中泛陽故亦成穴

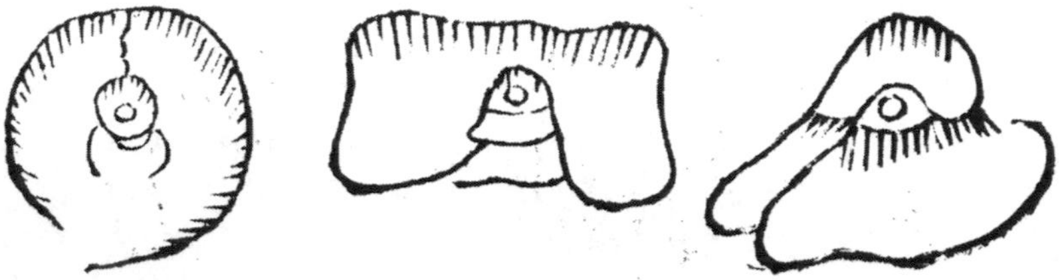

掛燈穴金頭土身山腳壁立上開水窩亦臍之變相也法兼蓋撞

懸鐘穴乃土屏中起一突形如貼體亦土腹藏金之意也金頭有釁名鐘紐穴無則敲邊金體上起一微塊亦貼體星也法亦用撞

凡相地以認穴爲第一難事穴形既辨得清則臨地了然如以鏡照物自無美惡易形之病矣然認穴固難尋龍認脈亦不易易且地之真假在于穴地之富貴大小久暫在于龍龍之變態多端筆不能盡玉髓地學言之最精故不復及畧寫數圖明其大義苟能以意旁通則天下事無不可明之理何不啜此糟粕然後能知酒味也耶○龍法穴法既曉可參之以心法不上山不下水之趨避直達補救之元機生生配合之妙義如是山龍水龍山水分用自能得心應手體用各得其當耳

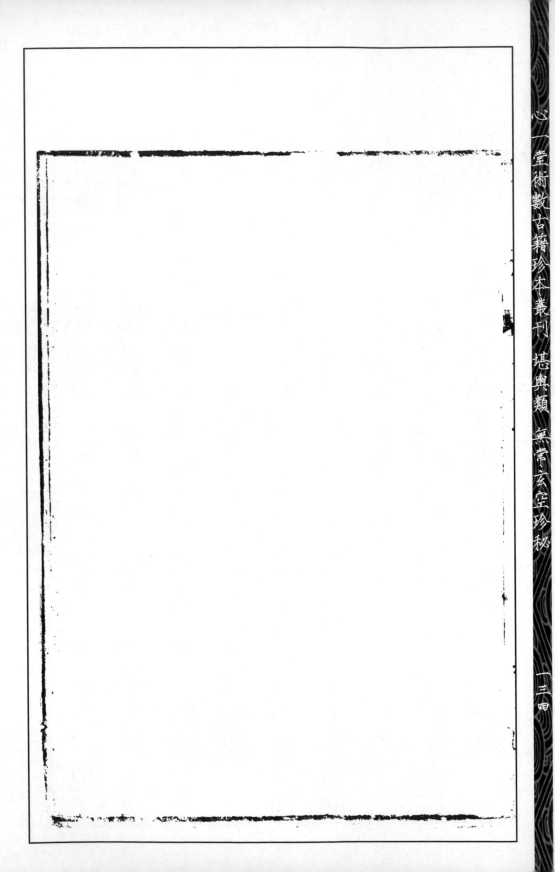

飛蛾貼壁

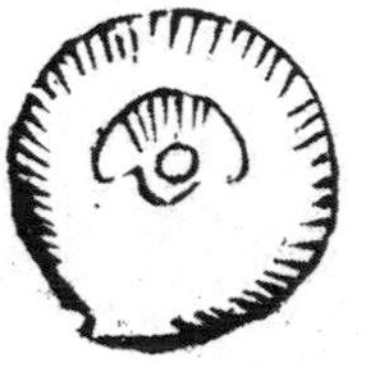

吊角

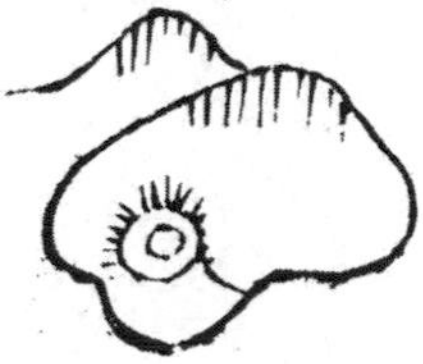

偏臍

金體中又起一微塊形如金水亦貼體星也即鏡上菱花之意法亦正撞

金角開水窩下鋪氈褥因正面飽硬故氣出于角穴作偏撞

正面飽硬陽氣偏出成側窩穴法兼蓋撞倚亦正體也案外拖出長曜亦金頭木腳之變

金釵

騎龍

反肘

釵形眠體脉接鉗頂阡油賦穴
亦撞法也

天龍跌斷過峽處陰過則龍無
留戀之意必無結作陽過則生
意已露故有順逆騎龍之穴亦
作正撞論

反倒曲尺木形如手屈肘肘後
生曆鉗唇亦撞穴也

上三式俱平岡撞穴

心眼指要卷之四

烏程沈禹平氏著
錫山無心道人纂
門人 桐鄉陳柳愚 長洲柯遠峰 金匱錢荊山 同較
子 雲谷
孫 其煥

天成象地成形

在天成象在地成形形之所在象之所生是故天有日月則地有太陰太陽日月含精祥雲捧日星月交輝日月合璧等形天有金星則地有節苞乳突懸鍾覆釜金盆荷葉等形天有木星則地有衡天倒地綰盤曲尺等形天有水星則地有漫天漲天浪湧船板等形天有火

星則地有廉貞文筆火旗紅焰等形天有土星則地有
御屏土屏看榜天財等形天有蒼龍則地有虬龍蟠水
龍頷藏珠雙龍合氣羣龍迎隊鯉躍龍門等形并有下
嶺蛇黃蛇聽蛤黃蛇趕蛤靈龜顧子龜蛇把門真武踏
龜等形天有天河則地有魚蝦蠏鱉螺螄吐肉游魚戲
水金魚袋上水魚等形天有天苑則地有天葩木蘭蓮
花荷葉秋葉梧桐枝芍藥枝芙蓉枝楊柳枝露珠垂草
落地梅花等形天有天市則地有曲尺玉尺混袍鋪毡
展席注盞九天飛帛屠刀肉案等形天有天倉則地有

穀堆糠粃斗斛牙籌倉庫等形天有黍階則地有三台六府七星等形天有宗人老人則地有坐立眠臥醉舞如羅漢獻臍仙人大座仙人翹足仙人側臥二士下碁雙童講書左仙宮右仙宮以及踢毬踏毬垂鉤等形天有天廐天駟則地有走馬打毬乘馬入朝天馬行空天馬交馳海馬滾馬出使馬等形天有仙槎則地有金船出峽樓船出海等形天有天弁則地有幞頭席帽笠帽浪袍簑衣等形天有織女則地有梳粧美女照鏡簪花穿珠遮蓋等形天有羽林則地有將軍伏劍大座點兵

及弓矢劍戟牙刀旗鼓堆甲等形天有華蓋則地有華蓋寶蓋車蓋等形天有器府則地有笙簧簫鼓及琴書筆架硯匣印笏盂杖玉几香爐金箱玉印圭璧之類千形萬形殊難悉數要而言之總不外天垂象地呈形是也是故形無不應於象氣無不現於形故曰形之所在象之所生也

水口須辨得失

夫水有得失必宜詳辨然後再看其去來形局去多則來多去少則來少能消一分之去口必能納一分之來

情能消十分之去口必能納十分之來情理勢之所必然者也奈何拘拘于水口不容舟之說一見去口寬大即欲阻塞孰知去口一阻則來水不能利導必然分流而假道於他方矣小阻小退則大阻大退勢所必然故水口只要屈曲交互望之似不通舟迢遞悠長織合疊爲關鎖者悉爲上吉而水路之大小勿計也更有瀦滙而成潭鍾聚而成漾縱然浩大必多蓄而不渙用又得宜水雖浩大仍有益于我也至若汪洋直逼于去口巨津照見乎下手夫然後喜下砂之緊關羅星之鎮塞捍

門華表日月三台遊魚禽躍龜蛇獅象以及叢林傑閣橋梁等物在所必需而非謂往復留連悠揚宛轉之地也認水口者須認得失方可神明其際矣此所謂得水者非諸家五行所謂得是大元空五行之所謂得也

水纏元武要關照有情

凡水謂之纏元武者一在入口朝堂之後又復繞抱穴後迴巧獻奇有情照穴者而言此取顧我欲留之意也一在水順行之際忽然逆抱兜收有情顧穴者更有戀戀不舍之情狀者是也用法苟能天元取輔人地兼貪

方謂盡善

尋龍點穴須合元機

平陽龍法眠倒平鋪苟不統觀全形全勢凡遇一鈎一搭之所似平面而有情處處可穴孰知並非眞氣所注故必得統觀全局追踪尋脉方曉一切鈎搭悉屬隨從之翼衛扛送之枝腳如此眞眞假假是是非非苟能瞭然心目洞若觀火便可察氣脉審力量辨貴賤較輕重判吉凶眞易如反掌所云元機者即上文得失之元機者是也

作用貴得師傳

相地全憑形勢形勢妙在理氣理氣貴乎點穴點穴全賴山向山向是理氣之主宰可不加意乎至于立穴之法更有浮沉伸縮順逆顛倒直達補救之元機山上龍神水裏龍神分理淸楚山管山水管水山管人丁水管財祿皆至妙之訣靑囊天玉言之詳矣經在是則道在是苟能窮究靑囊天玉之至理配合生生之妙義巒頭理氣之精微求得名師指示眞傳斯可論巒頭理氣之元機矣學者勉乎哉

水法眞機須在遍證名地

水夾龍行龍隨水轉因水勢之南北東西察龍勢之分合行止不論大幹小枝有結聚必有界落墩砂之胎伏護從之迎送橈棹之開帳旗驛之停頓關峽之轉折凹凸之施受既而水交砂會形止氣蓄或兜浜藏蓄或內外砂水逆潆順抱而明暗分合之情形出焉因而觀之右旋左旋是尾是腹察脉之直來橫來單行雙行審勢之偏側欹斜腰受耳受相穴之有憑有據應吐應吞觀水之左到右到看城門之在前在後何干何支然後立

穴宜乘龍之生氣細察水之得失對三义細認踪察血脉認來龍納三吉避四凶明此則知龍有龍之生旺水有水之生旺向有向之生旺坐有坐之生旺由是龍要合向向合水水合三吉位雖變通之在我悉循乎造化之自然要之體之靜者當於生動處求之用之變者當於盈虛消息中得之此其大畧也術家不得其傳胡行亂作無所不至甚且開鑿塡塞強彼就我遂致縱橫奇正之格局皆成吉凶莫測之陷穽此不學無術之病也旨哉楊公之言曰陰陽動靜如明得配合生生妙處尋

學者當細心考究其元微以操其要次察水裏龍神之得弗得以神其用然後遍證名地勢如破竹迎刃而解矣

收水須當得水

收水者得水之謂也得則吉失則凶水之形局雖好但逢死氣皆無取故以得水爲要也水貴蓄而不漏靜而不滿小界水蓄氣脉大幹水養龍神小界水爲乳水爲元辰爲胎息孕育之水大幹水爲財源爲配合爲飲食供奉之需故理氣之旨曰陰陽配合曰雌雄相見不上山不下水又曰得水得水云者謂山上水裏之元空得

生旺為先也并宜先到先收此眞要訣也

幹龍正結

龍有正落傍落之不同正結者脉必中抽此謂之正出枝腳橈棹重重轉換節節收放雖流走之中有整齊之致而龍虎交互堂局寬平護托端正四應完美如蓮花包裹蓮房者又須審祖宗來歷力量何如

龍貴側結

所謂側結者如大幹行龍遞遞迢迢或左或右枝腳橈棹洋洋洒洒側在一邊如人之側立側臥如花之有側

面文之有側筆有正不能無側理勢使然也然須察其形勢氣概與全局無不關合情性氣派與統體仍自聯貫及至到頭雖極大地面而精神無不收攝于一側之處乃側結也第恐初學一見側結之地誤認爲偏誤認爲枝耳不知偏是通體不貫枝乃邊角留情是故側結之力量大異于枝結較勝于偏結無異于正結也特其結構之形或頑或秀爲輕爲重有貴有賤又非一定之格可以擬議者也

迴龍逆結

迴龍與逆結相似但逆則通體皆逆迴乃順來而逆迴只在入首一節故凡言迴龍必兼言顧祖深有味乎其言也若竟通體皆逆則離祖必遠縱有祖可顧支離不切矣且迴又與蟠結相似然蟠龍必漸漸蟠旋而結迴則不然然迴龍之局其格不一有順來而逆迴者有逆來而順迴者有正出于奇有巧藏于拙者總以注意迴旋情多往復者為佳也

枝龍雜結

幹結既已發明枝結不可不辨幹結通體全貫力大而

福蔭悠綿枝結全體不貫偏促而發小易衰如但知龍穴不識枝幹豈能分輕重而辨優劣哉今彙枝結爲四格一曰枝中幹一曰幹中枝一曰紆曲特結一曰鈎曲雜結循序而觀則知枝結之情狀若是愈可見幹結之不同凡響矣

枝中幹結

枝中之幹大率多帶倉庫連遞數節束咽到頭有蓋有托似與幹結無異若細察全體及一方形勢必分枝劈脉卽外方砂水亦不能悉來照應此可以測識其爲枝

中之幹矣是故全幹之結縱少靈秀而區局自遠若枝
中幹雖極靈秀而規模自小因集枝中幹爲一格
幹中枝結
幹中枝不及枝中幹蓋以其來歷不能遠貫力量終歸
淺薄若局緊氣淸亦能速發終不耐久專爲局緊氣淸
來歷不遠者言之耳然亦有間不可盡拘者當隨砂水
疎密及用法得失以爲占驗可也
紆曲特結
地有特結於紆曲者往往似幹非幹似枝非枝忽然奇

踪異跡隱顯莫測偶露機關精光獨闢眞得天地生生之氣不可以常格律者或有滋蔓遊行錯綜變幻頓起頂角偶布枝脚界成形勢僅可以一節取者即謂之紆曲特結

鈎搭雜結

平陽上乘爲幹結爲變體爲會局下乘爲枝結雜結至於鈎搭則搜剔無遺矣但上乘之地照應或十里五里或數十里始結一局覓之不易購之甚難下乘之地隨在皆有舉目便見遇之不難得之亦易若專主上乘則

平戸之家求之甚苦勢必稽遲歲月一失機會葬無日矣故于枝結之次復集鈎結爲一格一以使人知幹結之爲貴會局之爲尊變體之爲奇一以使人知一枝一節一鈎一搭易見易覓隨地可作不煩往復留連不勞舉趾追踪遙望即可指點頓足便可立穴無論貧富悉可因時利導苟能體用兩字隨在各得亦能發福豈不簡且便哉

穴法心法

平陽穴法從古未會發明予因徧閲古今名墓四十餘

年兼綜條貫關爲十有餘法曰展窩曰開鉗曰垂乳曰抛突曰飛邊曰吐脣曰騎龍曰斬關曰合襟曰掛角曰天池曰石巧其名目雖有類乎山法而指歸實專論夫平陽故曰穴法折自鄙衷由于閱歷方始布圖立說援據引證以相發明但世之講求斯理者共曉平陽穴法有如是之形象如是之星體如是之變化如是之徵應學者誠能操此要領守約該博則山龍平陽之穴法從可破的矣再進而參之以心法上山下水之趨避直達補救之元機則葬乘生氣及察血脉認來龍對三义細

認踪之旨果能瞭然心目洞若觀火如是則心法眼法自可造乎其極矣

展窩穴說

山龍結穴有窩平洋亦有窩此皆太陽之氣所化而成其來龍必然陰落所以展開陽面以納之也窩有開口藏口深淺濶狹大小長短邊併鈌角凑口之不同總而言之必須窩中微吐弦唇太陽而吐露少陰之氣者結穴方眞此葢陰陽交度而生生不息之機也若竟展開局面如叉口如鈌環並無弦唇吐露者謂之虛窩又名

空窩無氣有水不可立穴

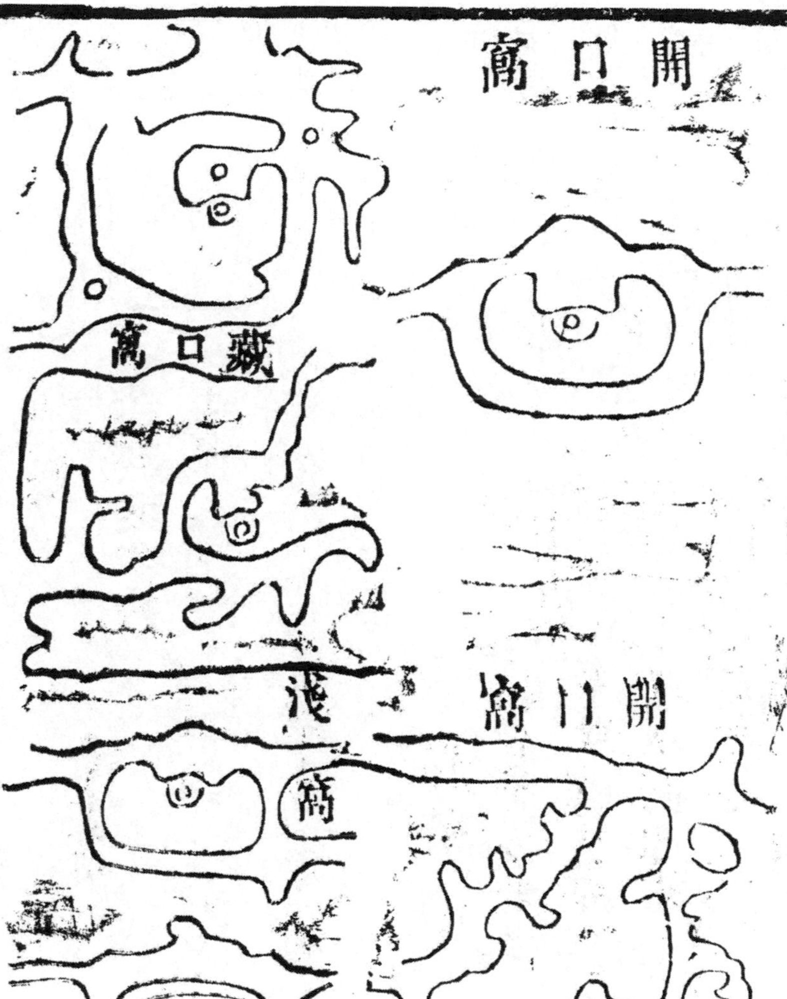

淺窩取內外堂局故翻身逆作

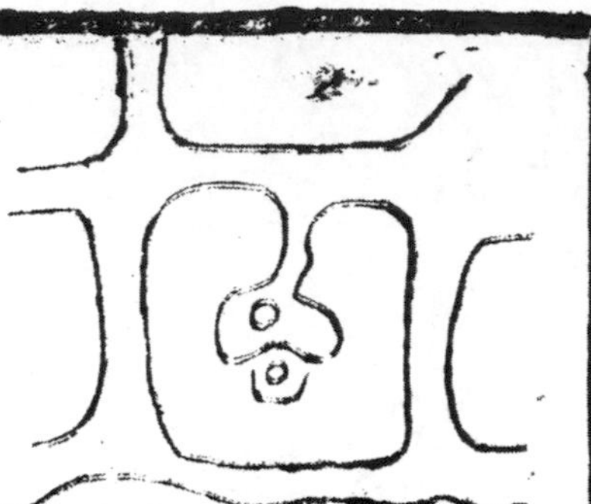

深窩

水蓄藏聚砂秀
交互宜坐宜向
以得水為要也

深窩

翻身逆作
取秀案洋朝

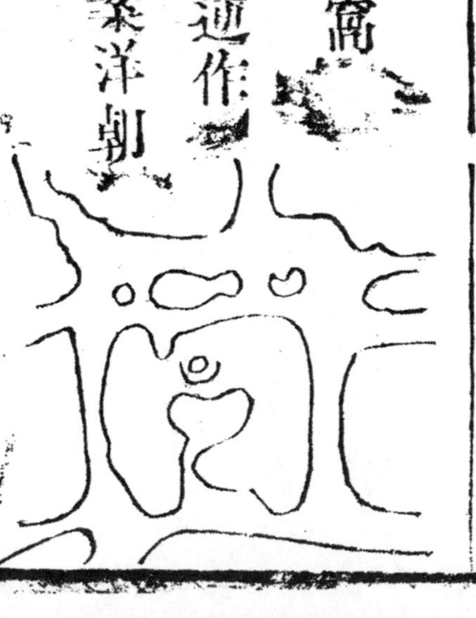

濶窩可並
下數穴但
力量有差
殊全憑意
會乃得之

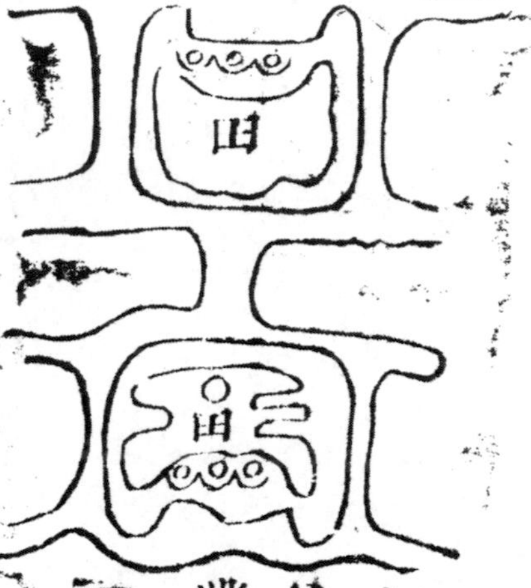

濶窩

朝北坐向亦
佳朝南口源
帶秀仍可逆
而朝南

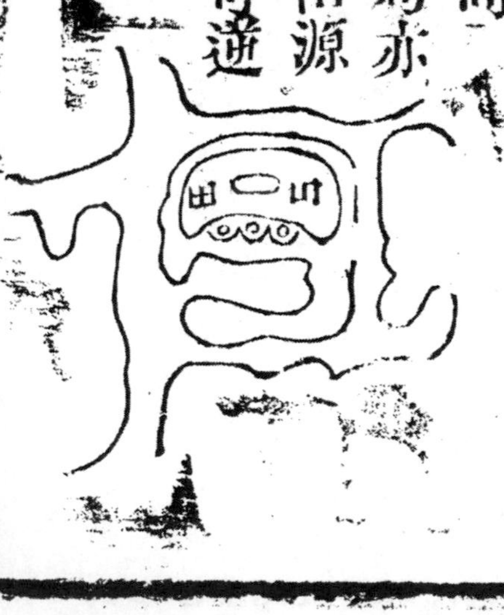

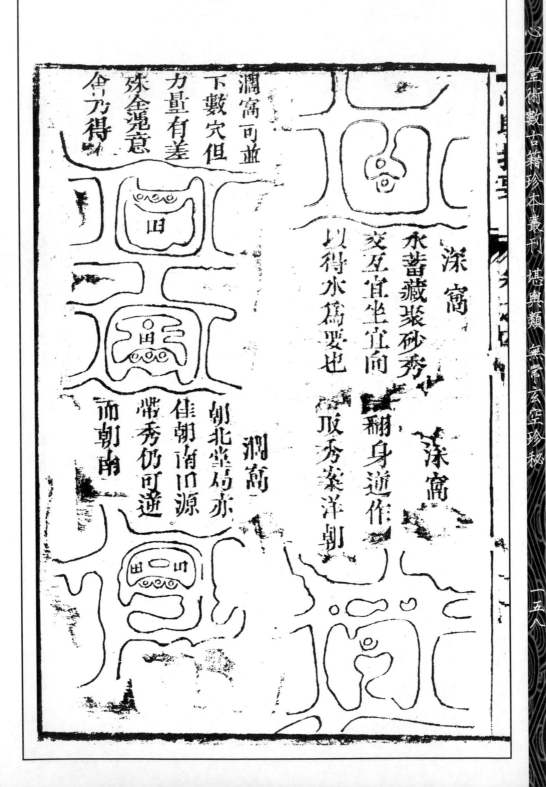

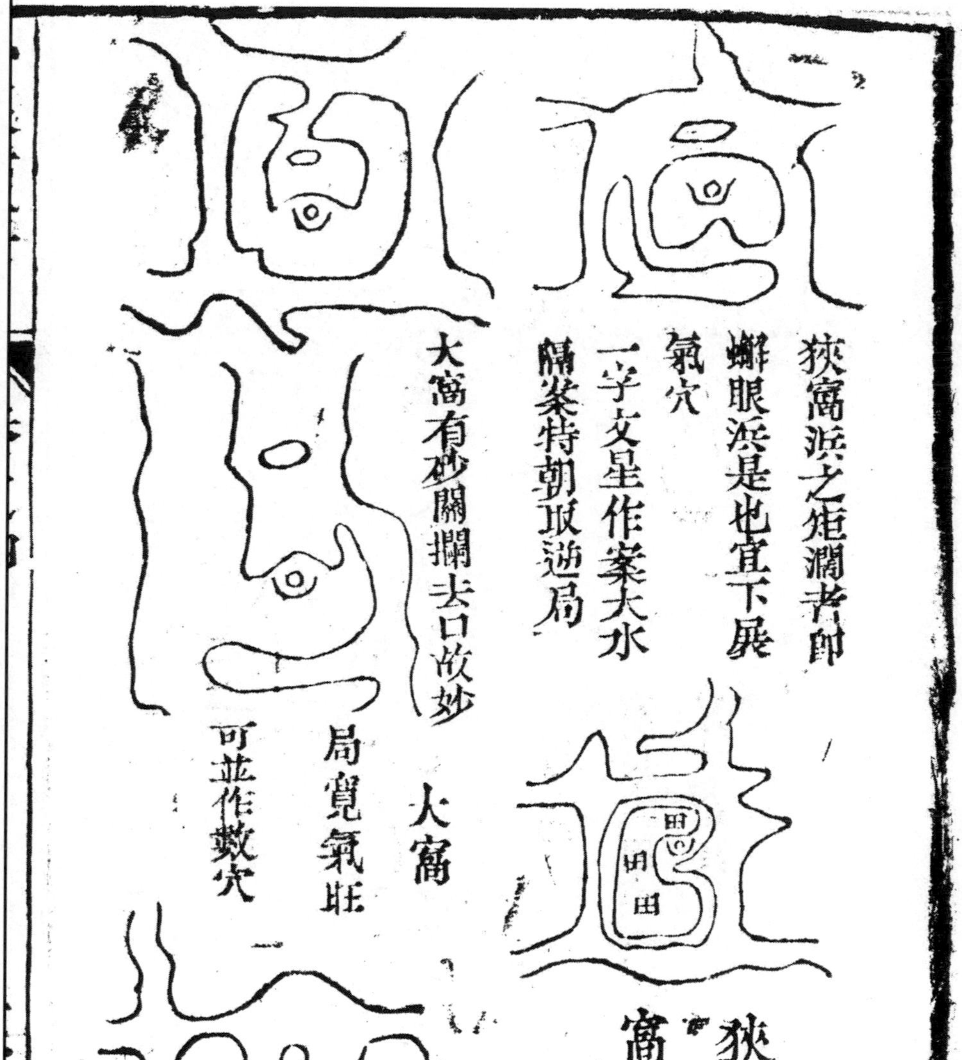
狹窩浜之矩澗者即
蝌眼浜是也宜下展
氣穴
一字文星作案大水
隔案特朝取逆局
狹窩
大窩有砂關攔去口故妙
大窩
局寬氣旺
可並作數穴

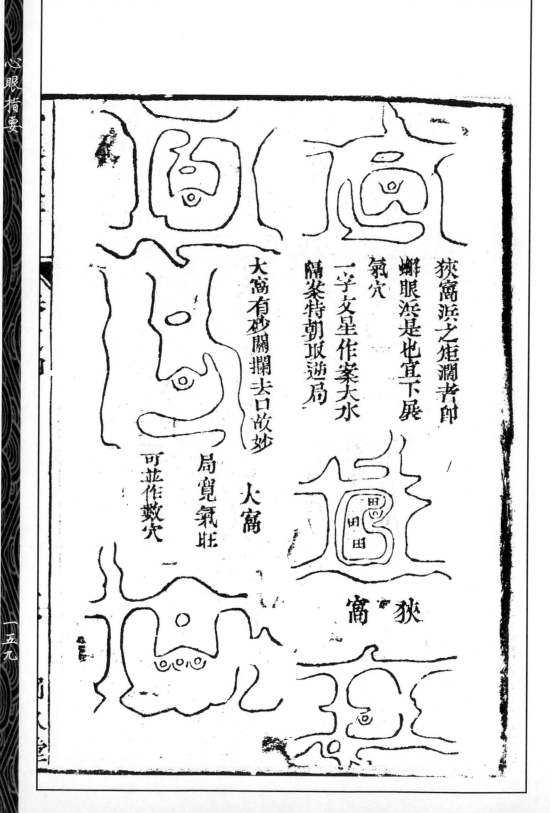

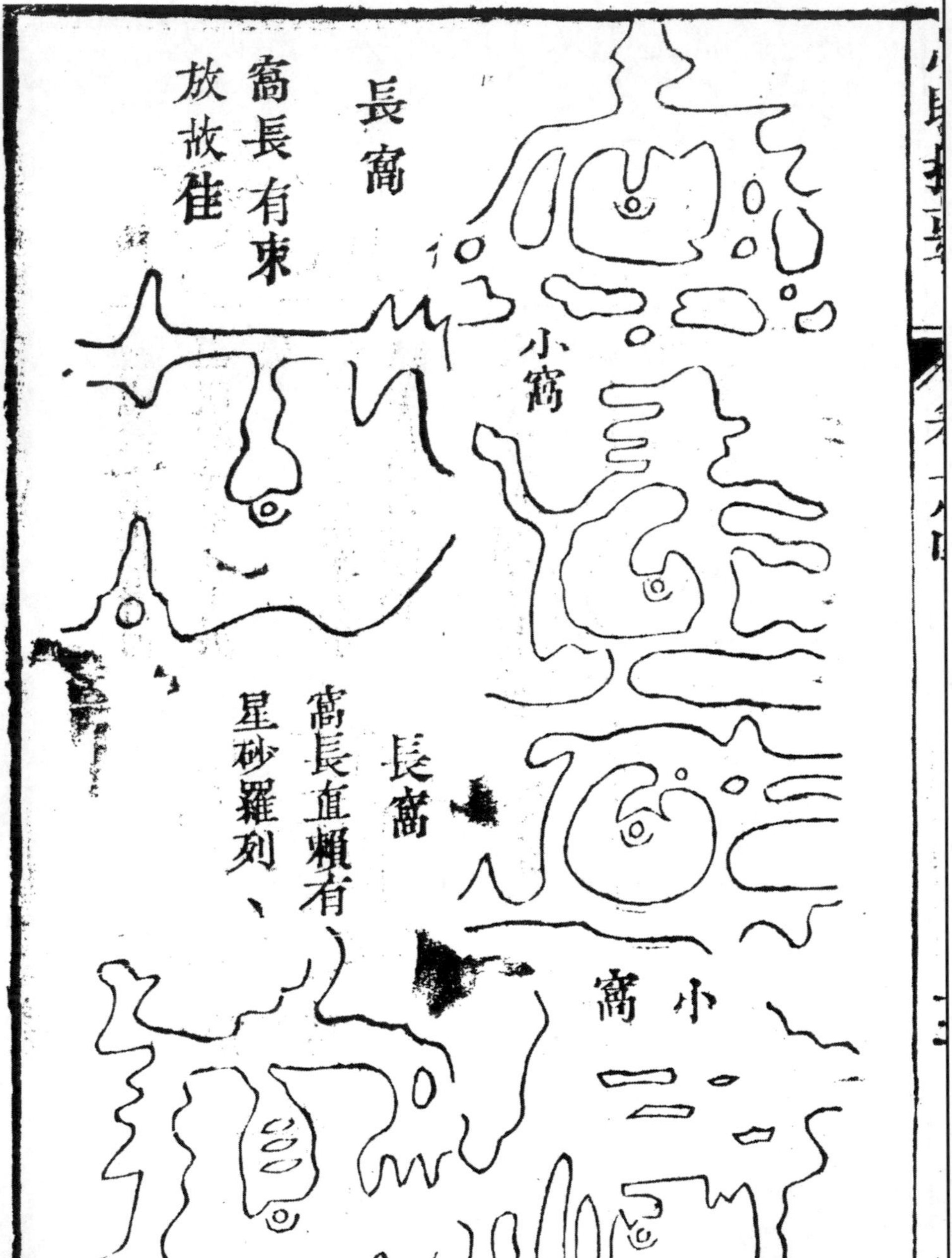
長窩
窩長有束
放故佳
小窩
長窩
窩長直順有
星砂羅列、
小窩

短窩
三式皆邊窩
并窩
缺角窩

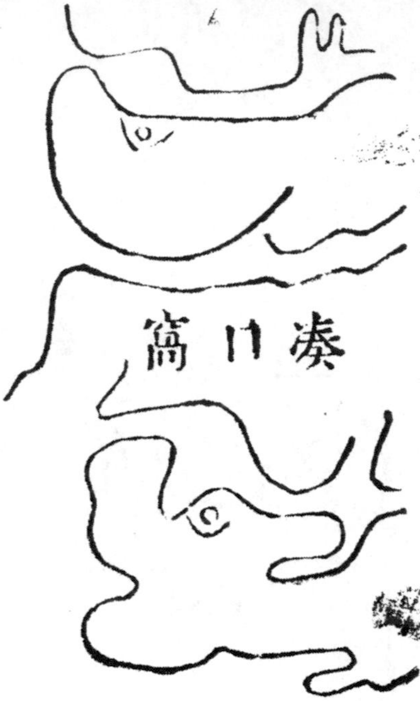

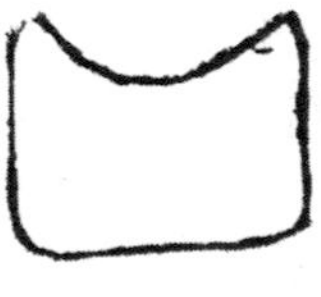
此窩繃急無氣

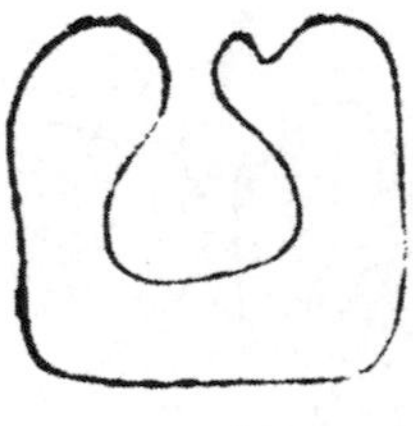
此虛假窩空唇不動

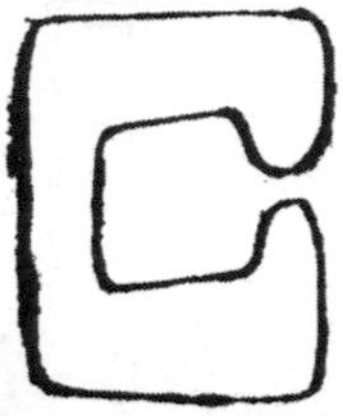
此窩四方少動了無生氣

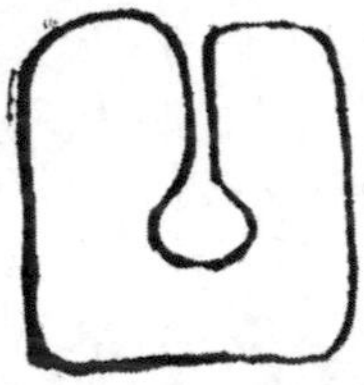
此窩元辰水直射無情

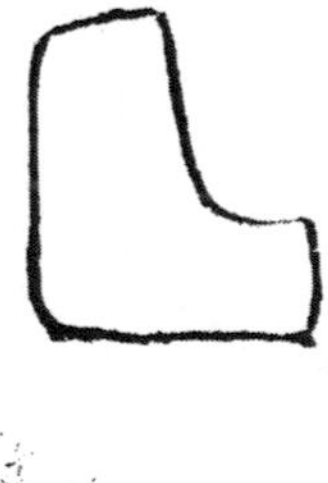
此邊窩直硬不動亦少生氣

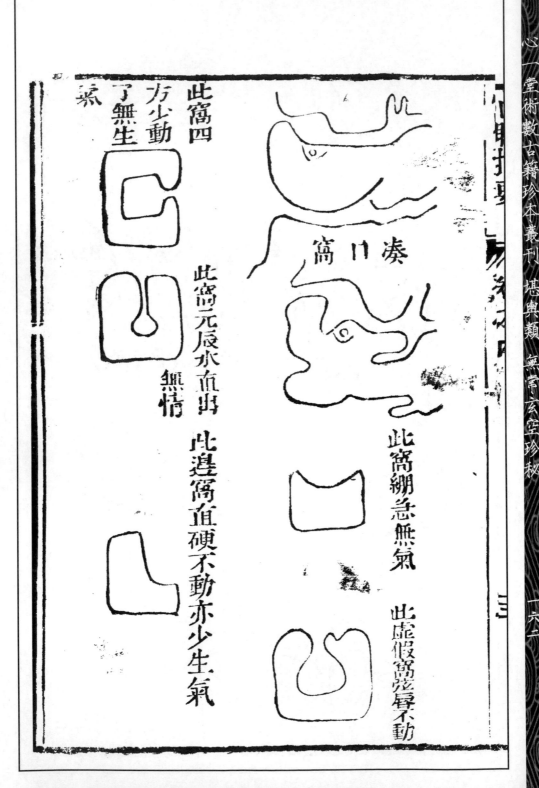

藏口窩穴說

藏口窩亦名展氣穴嘉興屠氏近作朝南立局後坐洑浜名為反揷下砂交抱洑水逆流外般一砂更合貴人侍衛故此發貴凡遇此等小窩要浜頭濶大方能蓄氣水深為胜清澈為秀曲者為藏直者為露露者要濶短藏者要長結穴之處四面正佐之砂要秀麗精神要煥發自然聲價十倍

開鉗乳突穴說

垂乳之結則左右之砂必環抱包裹其體必圓活類多

金體若夫鉗局則左右之浜必勁直左右之砂不過拱夾兩旁而止不復向前兜抱中間星體必然方正類多平面土星至于鉗之變化則有長短曲直分行交合重疊丫义參差濶狹交互織結排揷雙枝之不同長者用穿法短者點氣口曲者下曲池直而長者無氣多不結不可立穴雙關或双穿单關必单穿惟織結交合者及合角重疊者最佳乘氣或单或双格局不一丫义者有唇口吐乳參差者收一放一濶狹者取勢交互者下鬬斧織結者審局雙枝者有正有偏有獨有分所忌者斜

牽反背最爲凶格須要審其來龍察其穴情看其形勢加之以吞吐饒減浮沉伸縮之法不出陰陽交媾之情動靜生生之理務在避其陰而趨其陽斯得之矣

拋突穴說

突者即凹凸之凸拋者即閃跡拋蹤之拋也世人不曉平龍之訣誤以一突爲奇之說往往見平田之上及湖泖漾蕩之中高起孤墩皆以爲突孰知此乃看山之法非平陽法也要知平陽與山龍理雖一致看法不同一致者龍穴砂水性情行度無異也不同者山龍豎體故看

高低起伏之勢平陽之龍眠倒平鋪如平看畫圖其勢平行枝脚橈棹皆是蔓生須周遊尋討看龍砂之收放往前結穴者即謂拋突此因求龍氣勢旺相不肯頓住故又抽一脉不賴本身砂頭包裹竟自奔往向前結成星體或嵌入大河或撞入對岸反以外應客沙爲包裹護衞者謂之拋突其體之變化者或爲拋或爲閃或正面或側面有大小有長短或仰或掛或方或圓有顯露有藏伏或現官星或帶貴曜更有夾耳夾照鬼托襯貼以及節苞荷葉金盆棋盤兼并排揮種種不一總而言之

要看來龍行度何如結局何如到頭來放氣勢何如再兼用法得不得而後定其優劣也

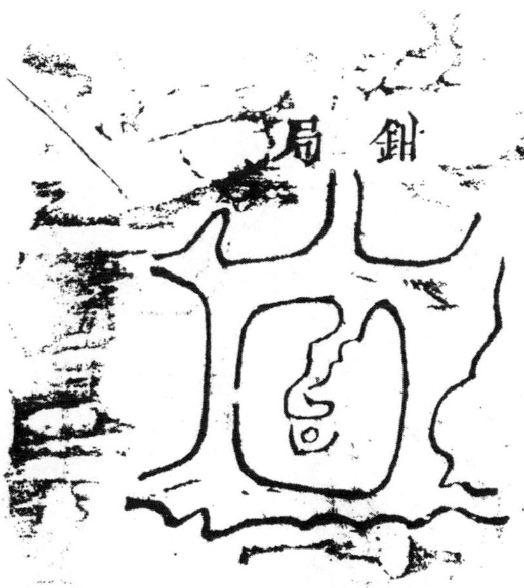

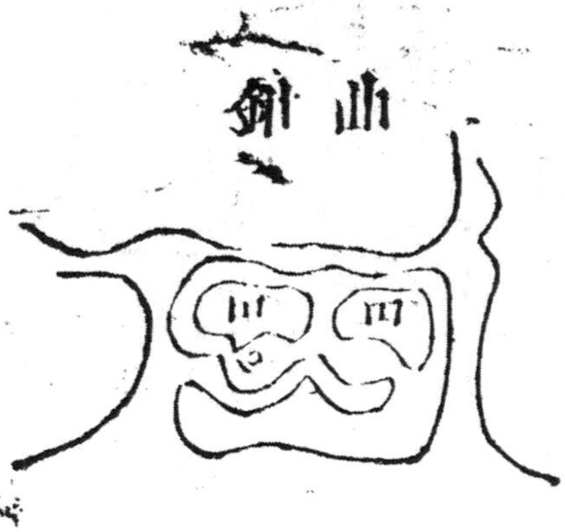

有田源可取則就之

長鉗氣脈流
走全憑朝案
作根基

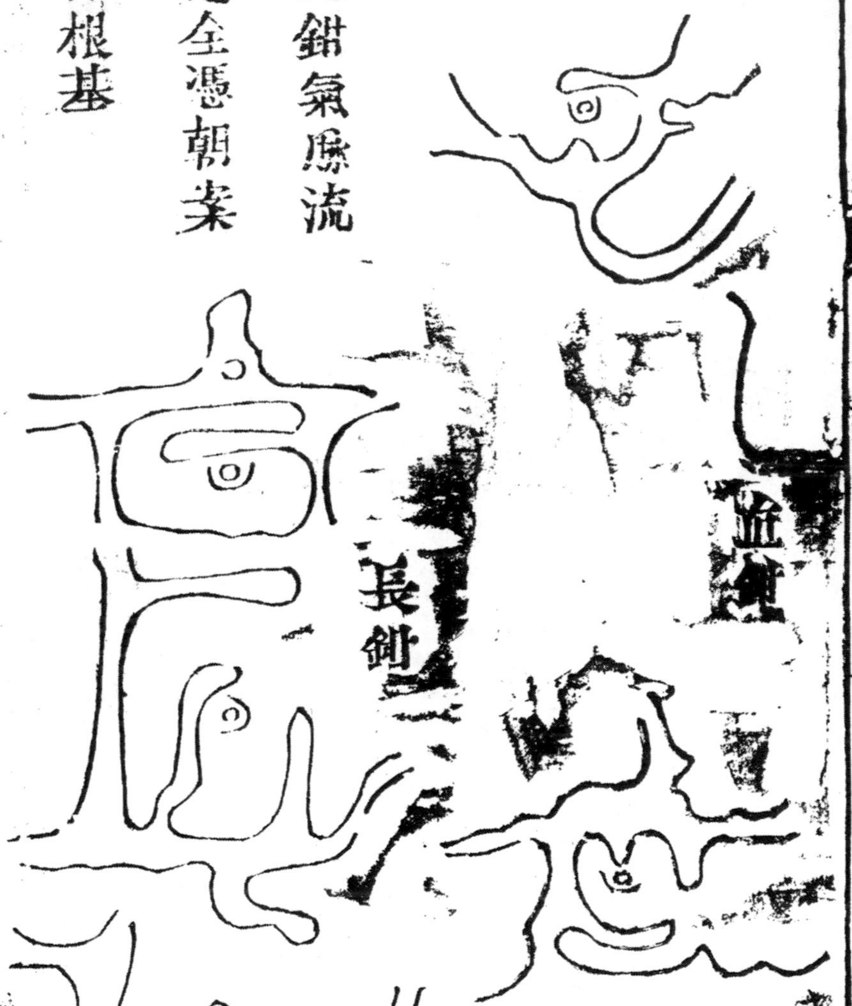

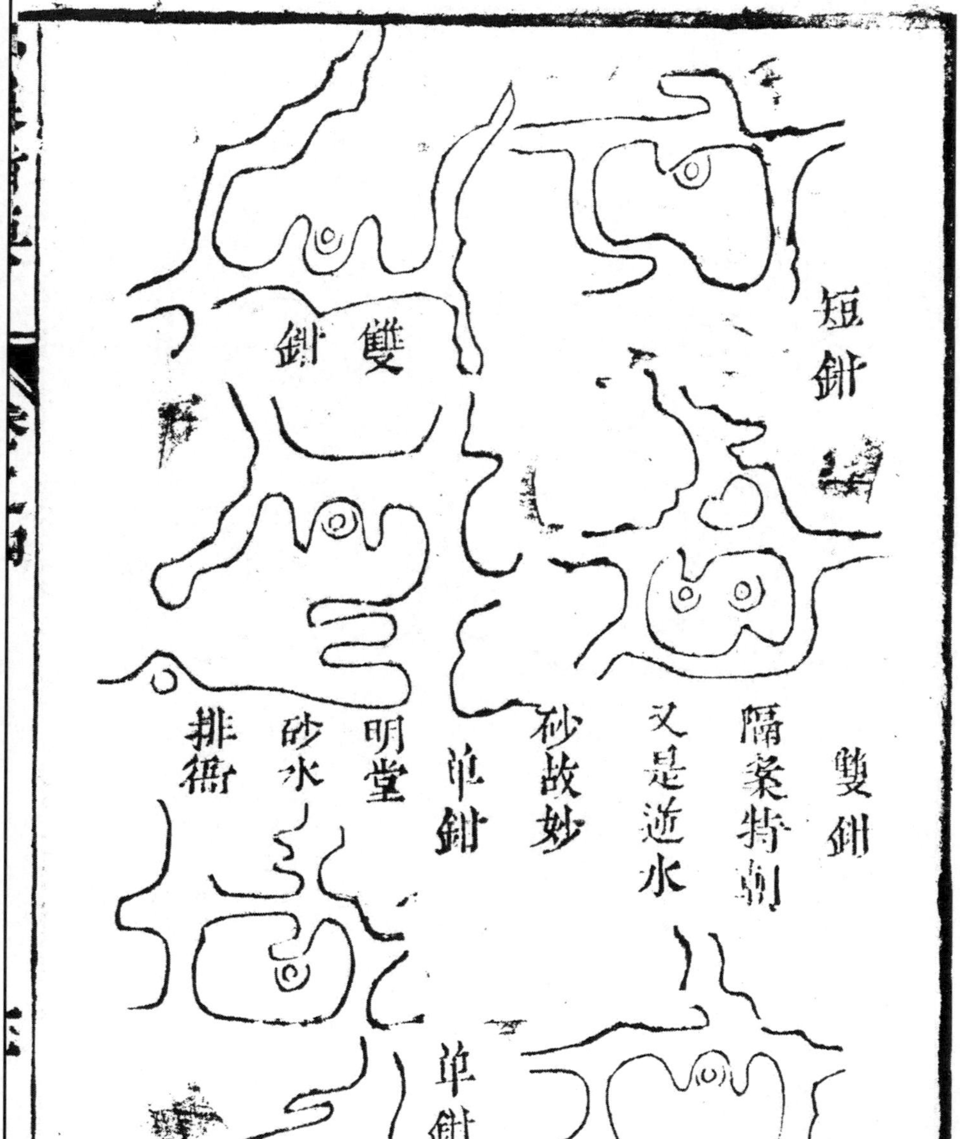
短鉗
雙鉗
雙鉗
隔案特制
又是逆水
砂故妙
单鉗
明堂
砂水
排衙
单鉗

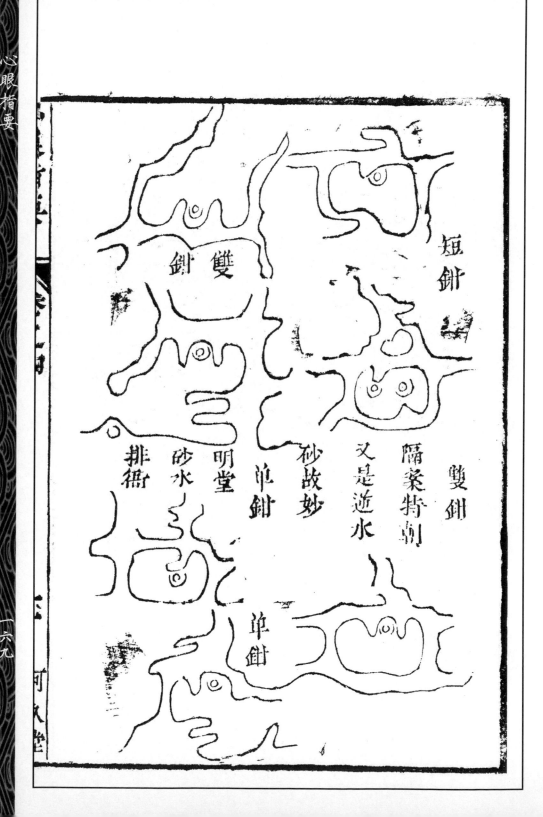

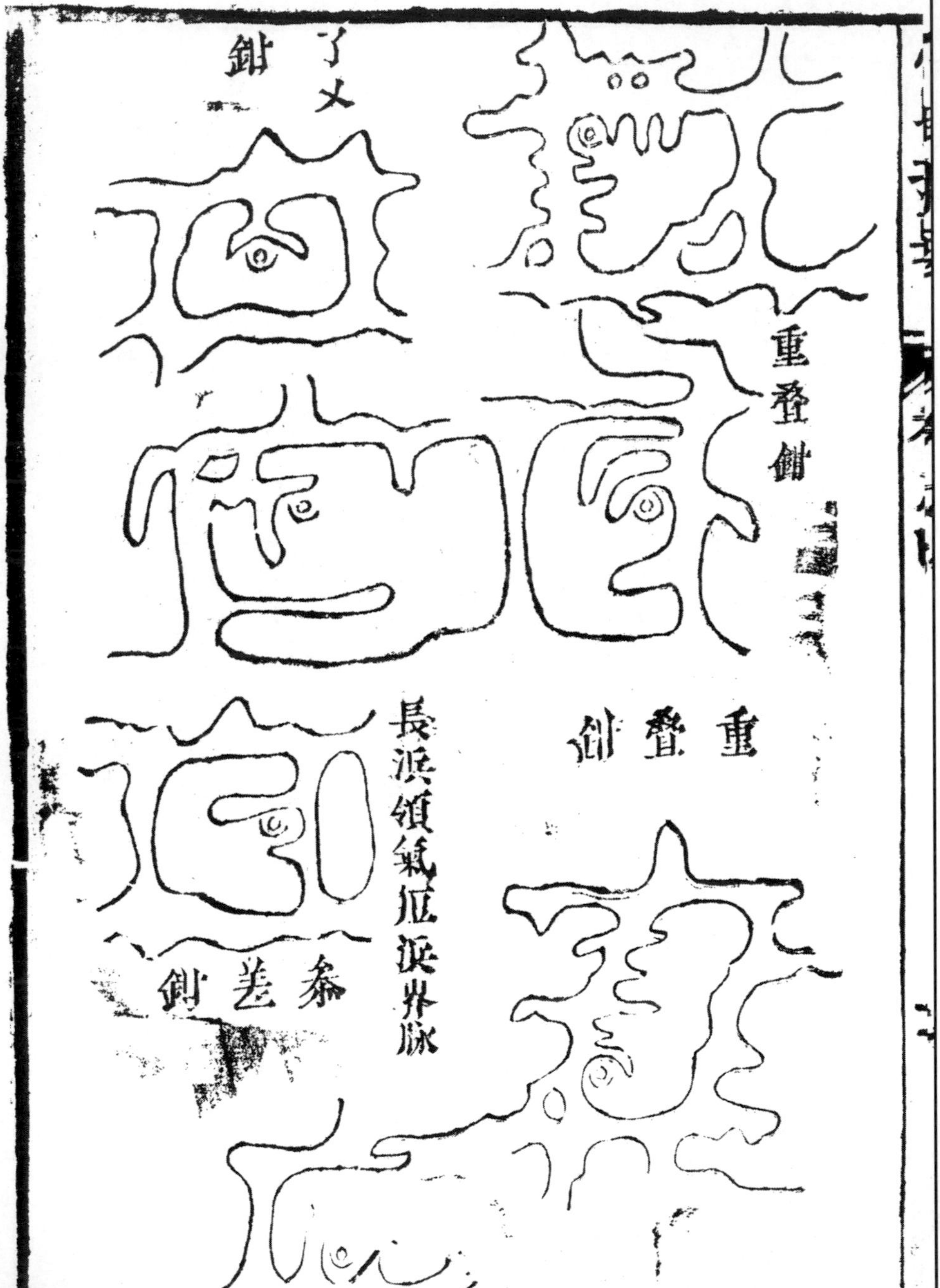
了乂鉗
重叠鉗
重叠鉗
長浜領氣底浜界脈
叅差鉗

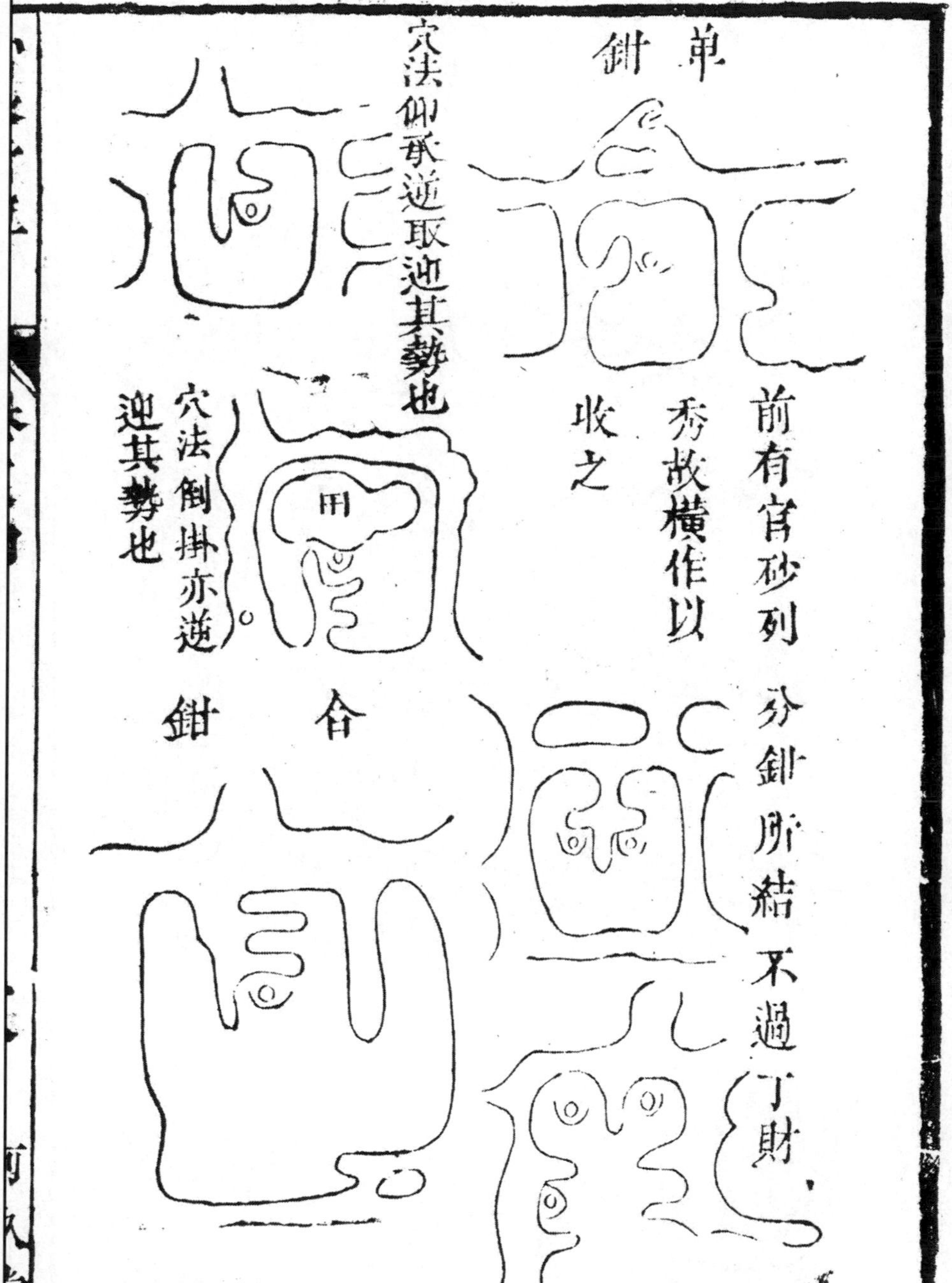
單鉗
前有官砂列
秀故橫作以
收之
分鉗所結不過丁財
穴法仰承逆取迎其勢也
合鉗
用
穴法倒掛亦逆
迎其勢也

叅差鉗
濶狹鉗
濶狹鉗
交互鉗

織結鉗

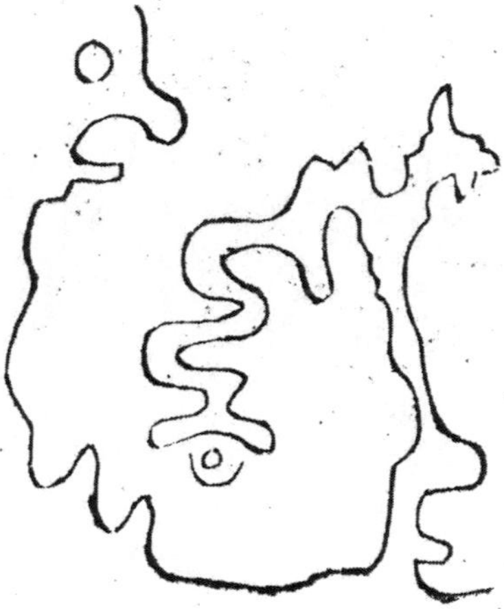

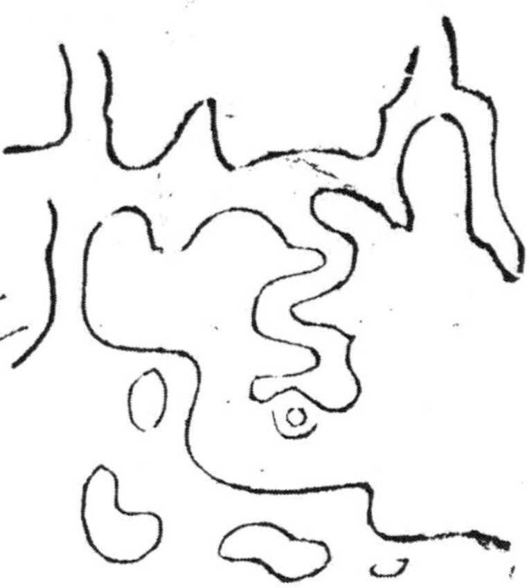

織結鉗

排揮鉗

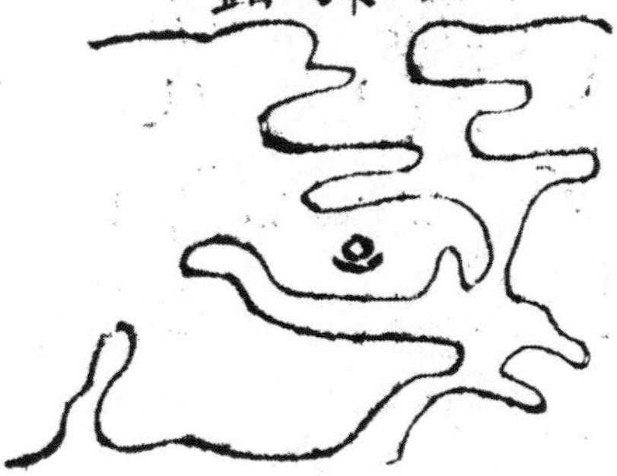

排揮鉗

双枝鉗

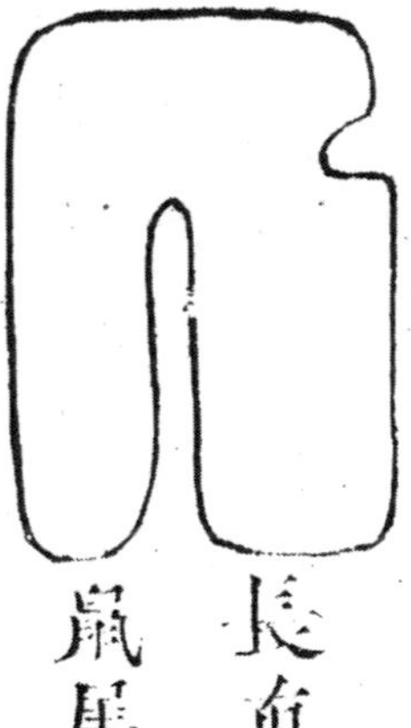

長直細小名爲
鼠尾無從立穴

口大頭尖若爲釘頭無氣

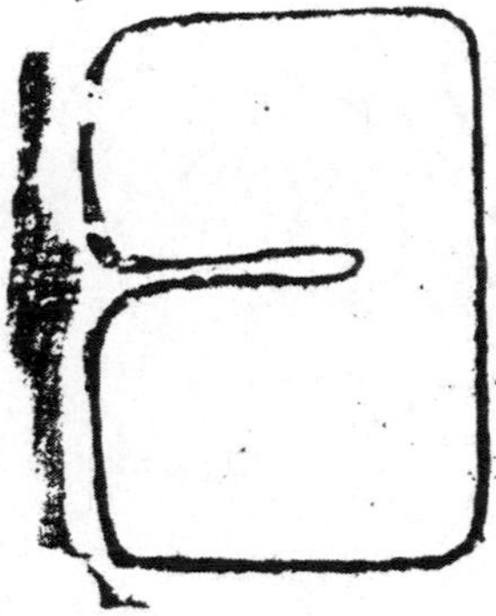

正乳

側乳

大乳可用脫草鞋法葬之是即斜穿法也

小乳或单棺或用束骨法葬之

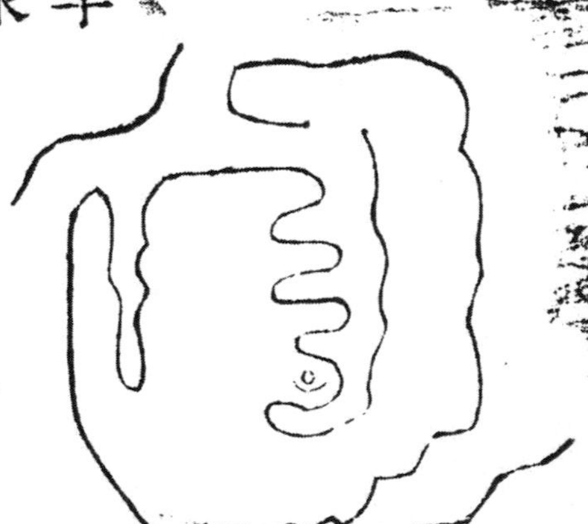

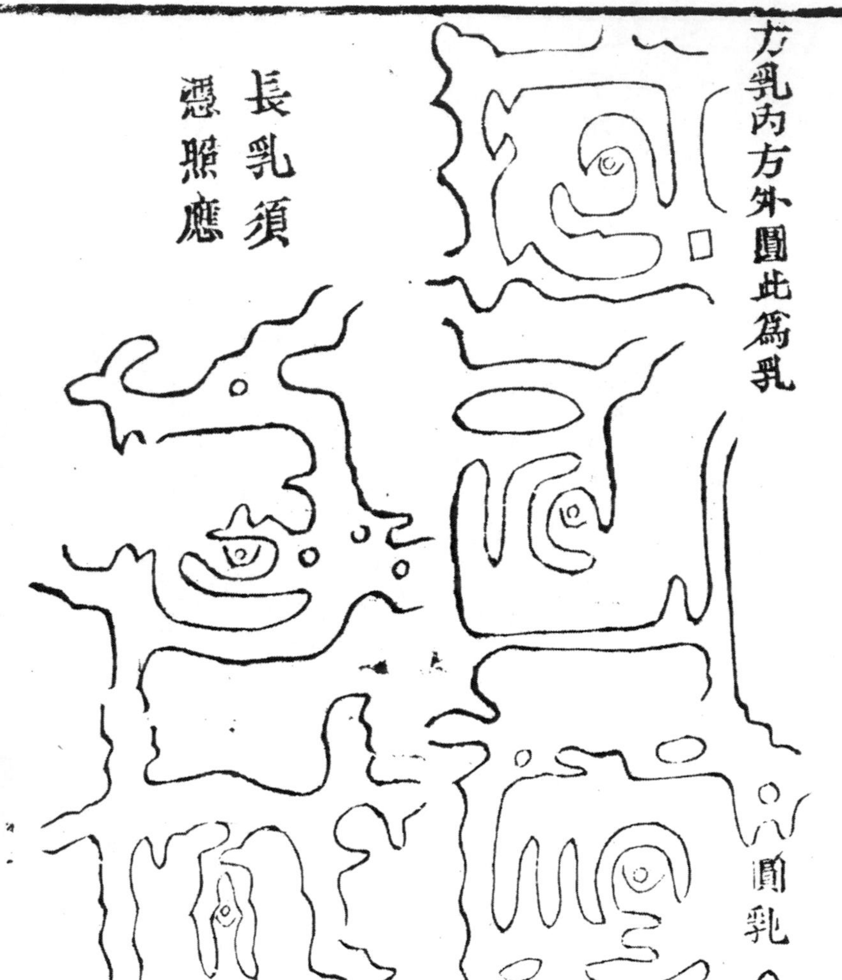
方乳內方外圓此爲乳
長乳須憑照應
圓乳
長乳求其動處

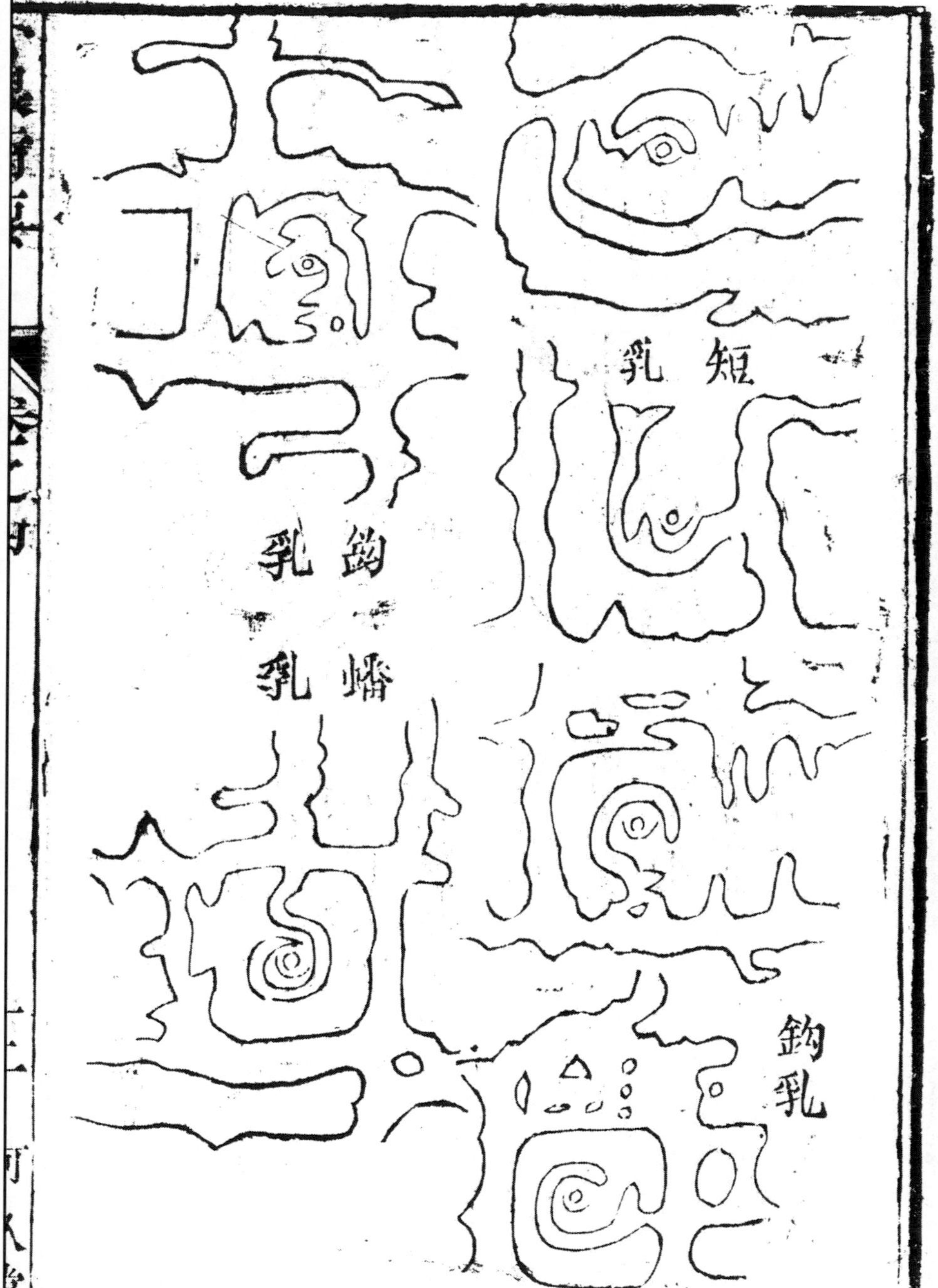
短乳
鈎乳
幡乳
鈎乳

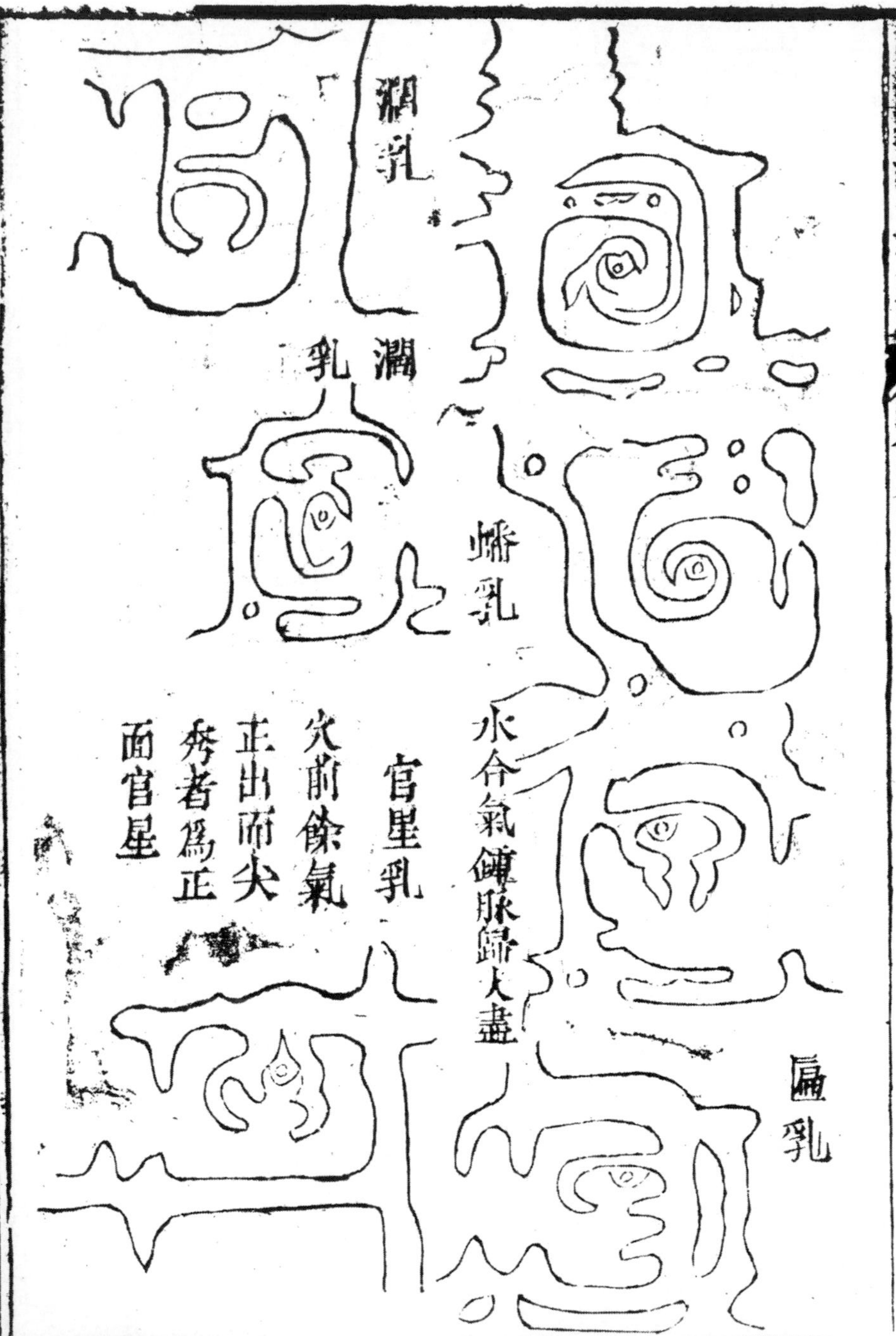
淵乳
淵乳
蟠乳
水合氣鍾脈歸大盡
官星乳
穴前餘氣
正出而尖
秀者爲正
面官星
扁乳

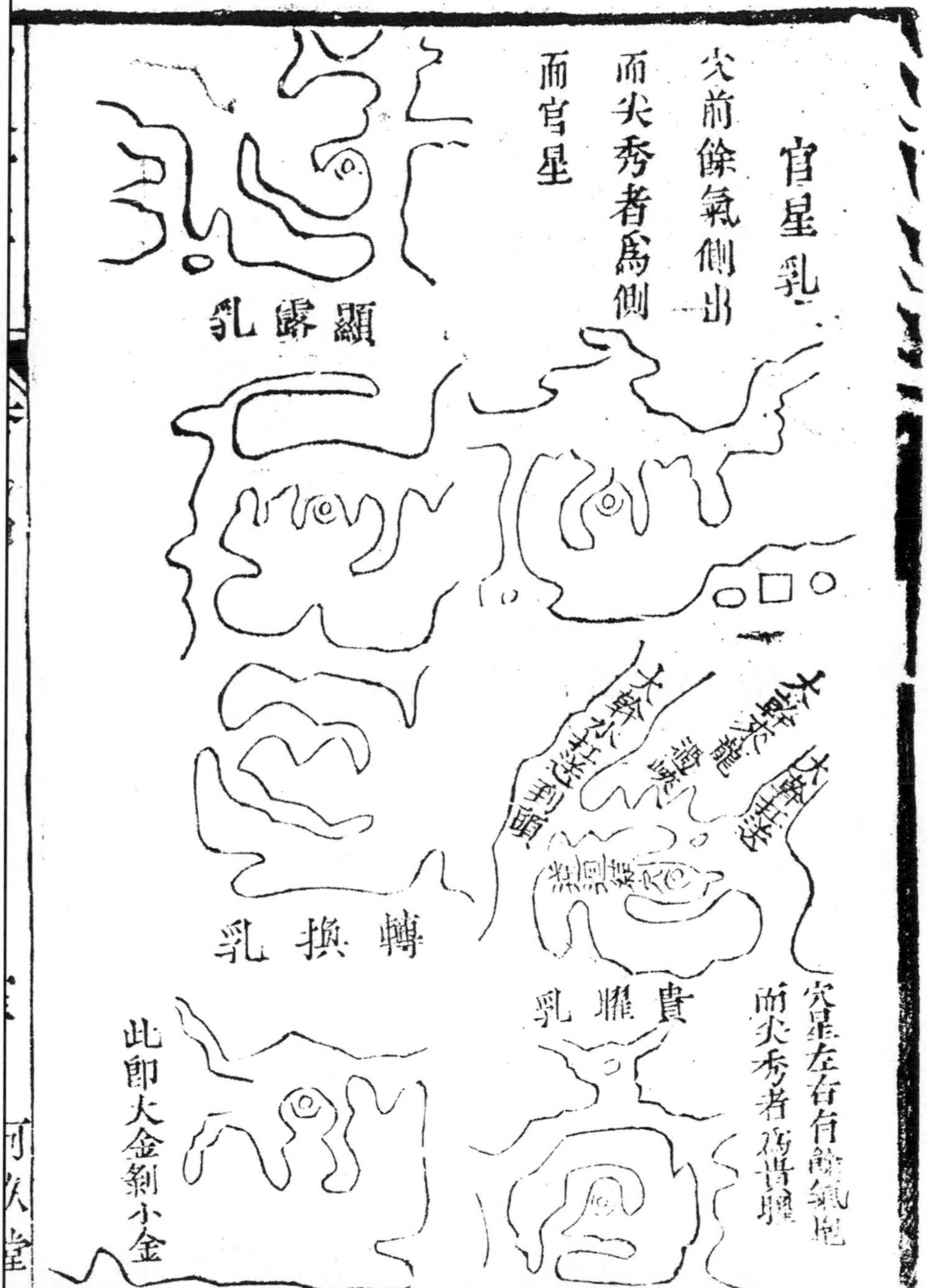
官星乳
穴前餘氣側出而尖秀者爲側而官星
顯露乳
大幹扛送
大幹不龍過峽
大幹不扛送到頭
轉換乳
貴曜乳
穴星左右有餘氣而尖秀者爲貴曜
此即大金剝小金

交互乳

垂乳凶格

過峽前浜整對名關煞穴凶

繞體順大無峽犯關浜只得到頭煞元辰一節名繡花直出不假亦謂之善窿面不結結

兼並乳

即爪膝地氣旺叢生分洩過多情薄非專作決台炬各主財丁

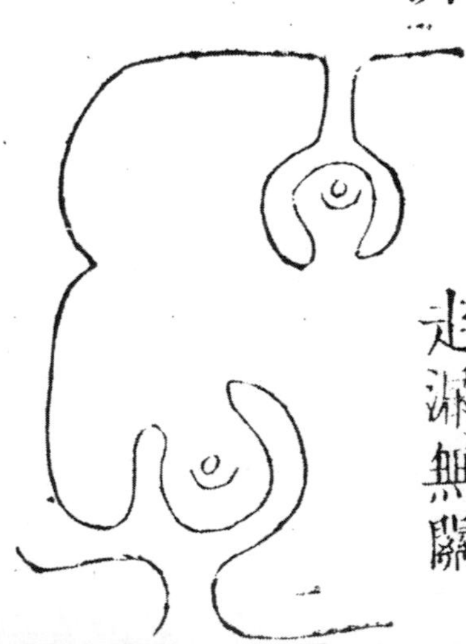

走漏無關

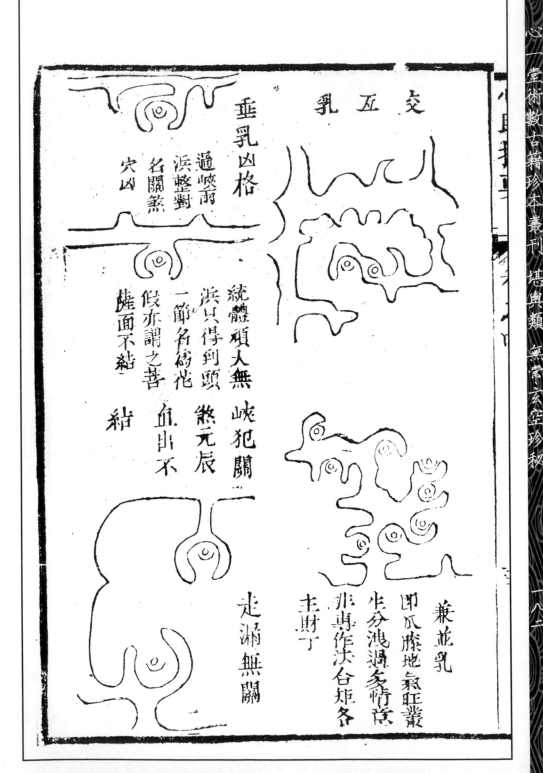

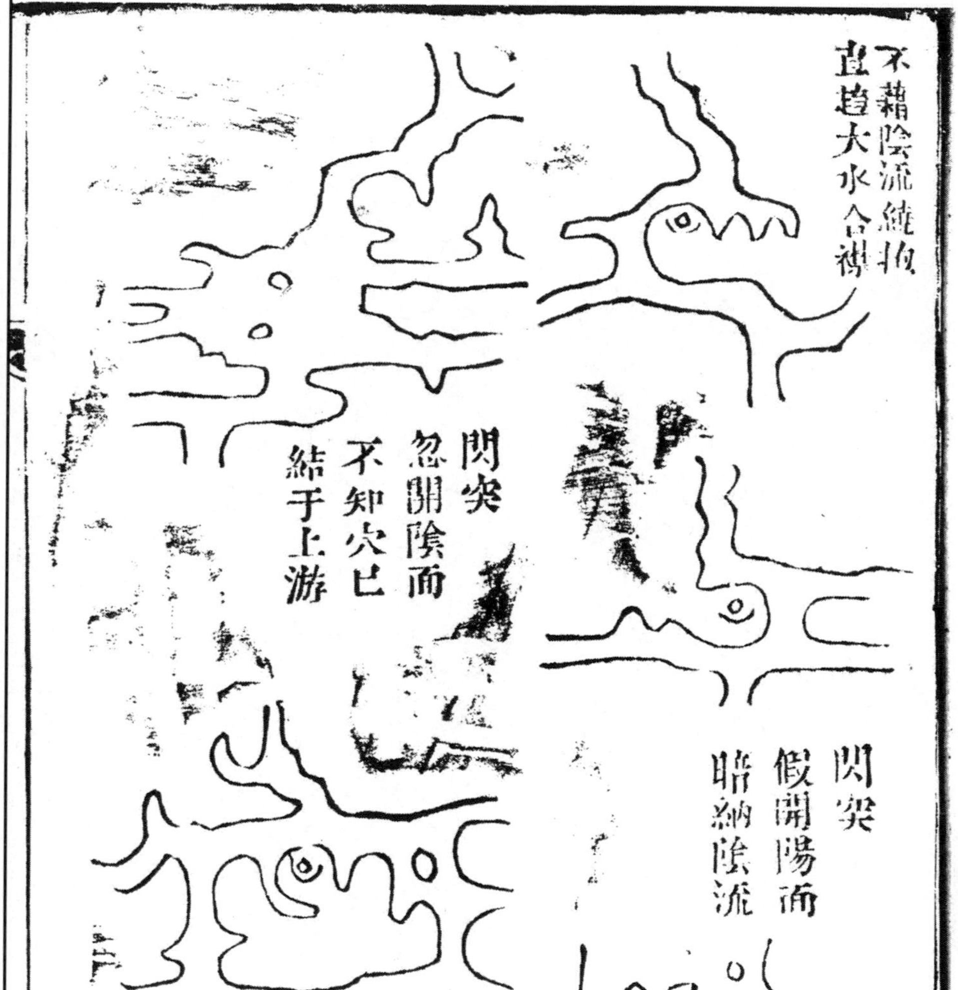
不藉陰流繞抱
直趨大水合襟
閃突
忽開陰而
不知穴已
結于上游
閃突
假開陽而
暗納陰流
正突
双閃正出昜
于闘煞正不
離乎偏故吉

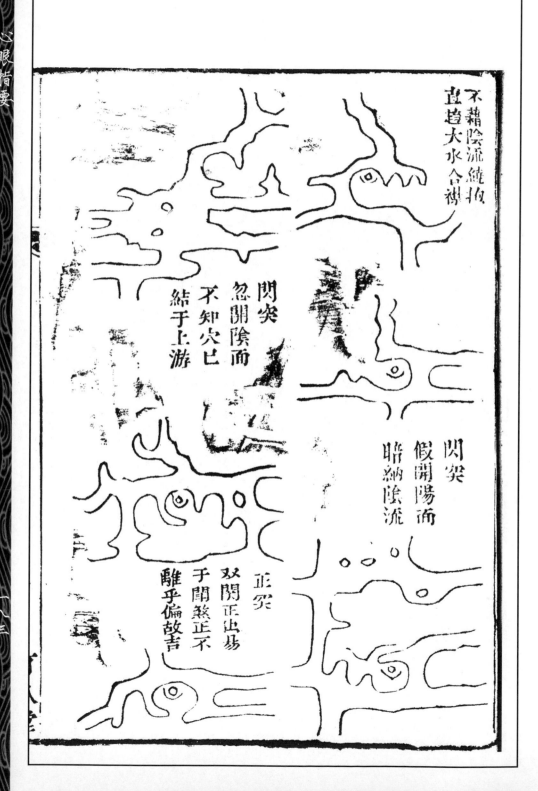

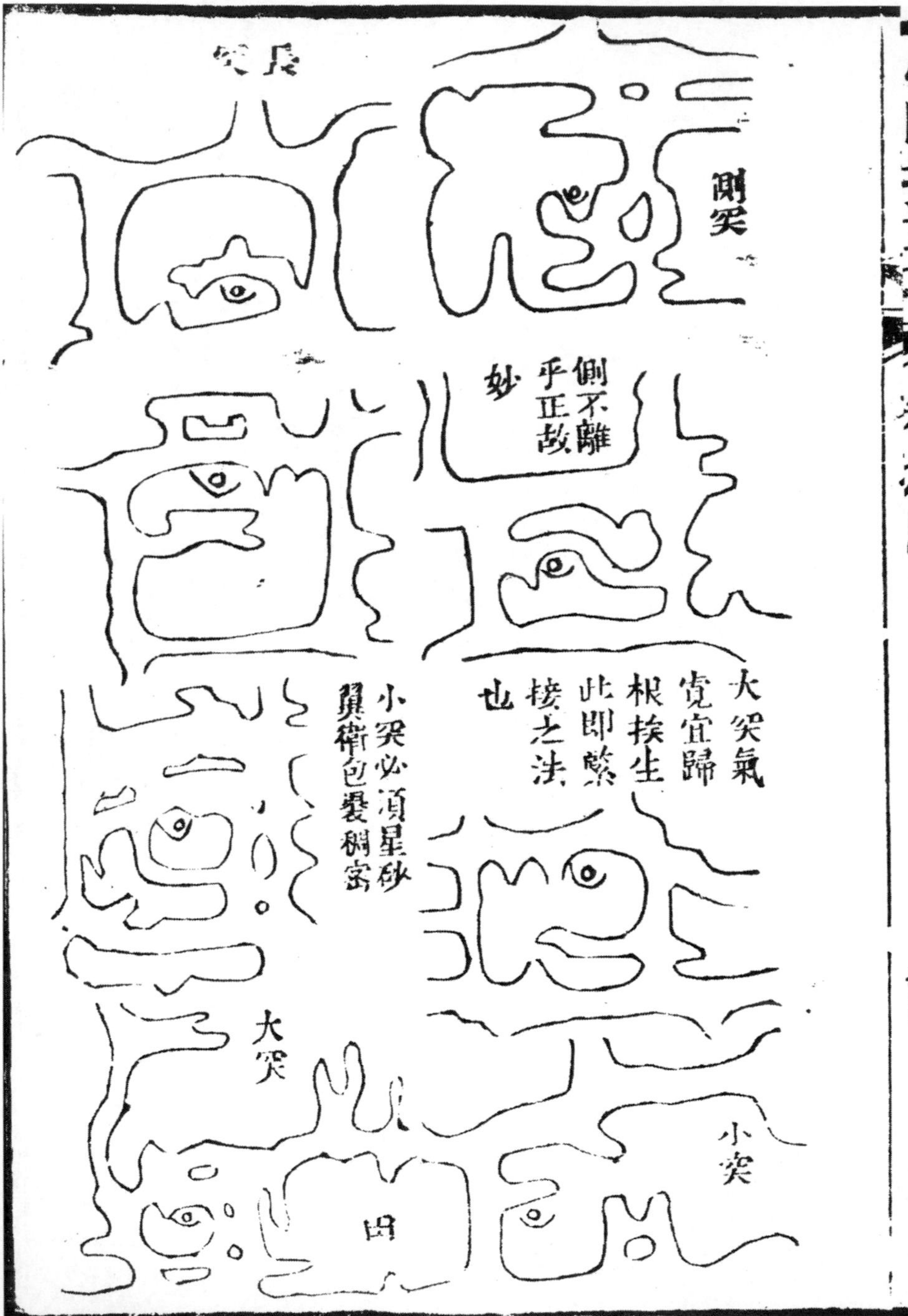
長突
側突
側不離平正故妙
大突氣覺宜歸根挨生此即緊接之法也
小突必須星砂翼衛包裹稠密
大突
小突
凹

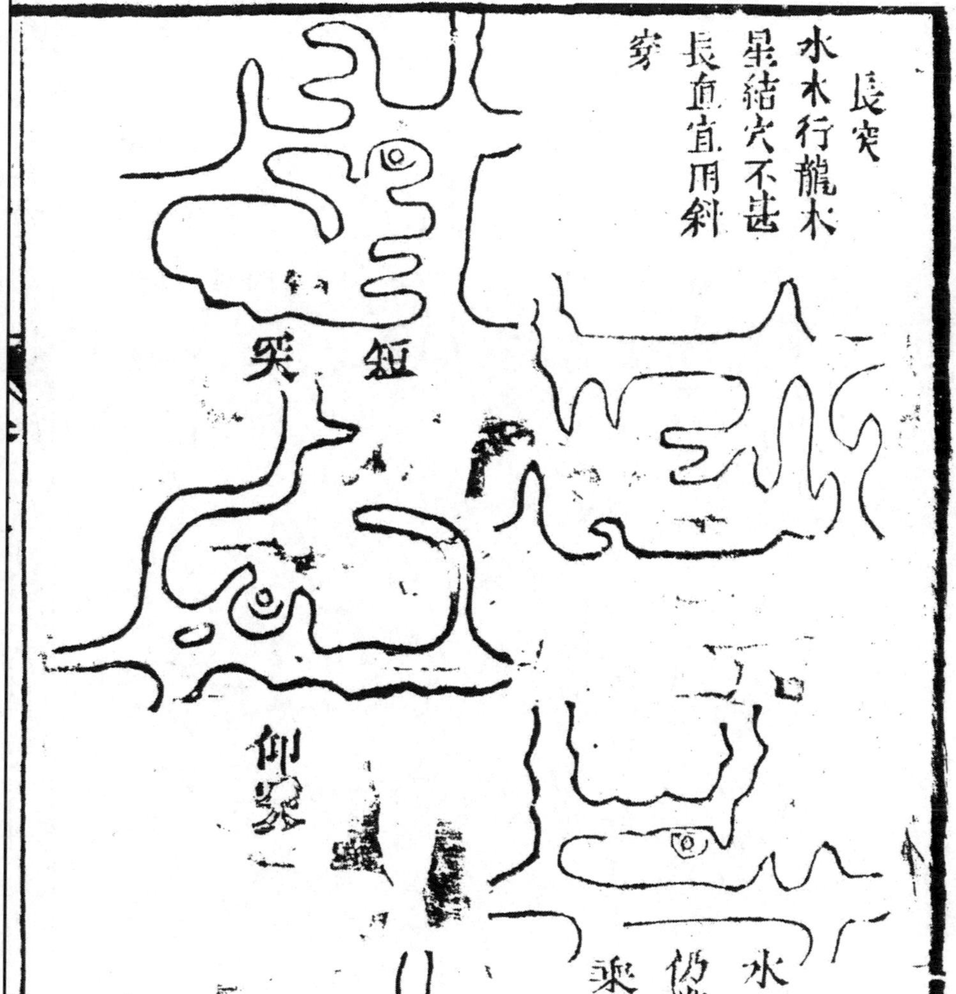
長突
水木行龍木星結穴不甚長直宜用斜穿
短突
仰突
長突
水木本是相生太長則仍帶刼宜用斬截之法梁之

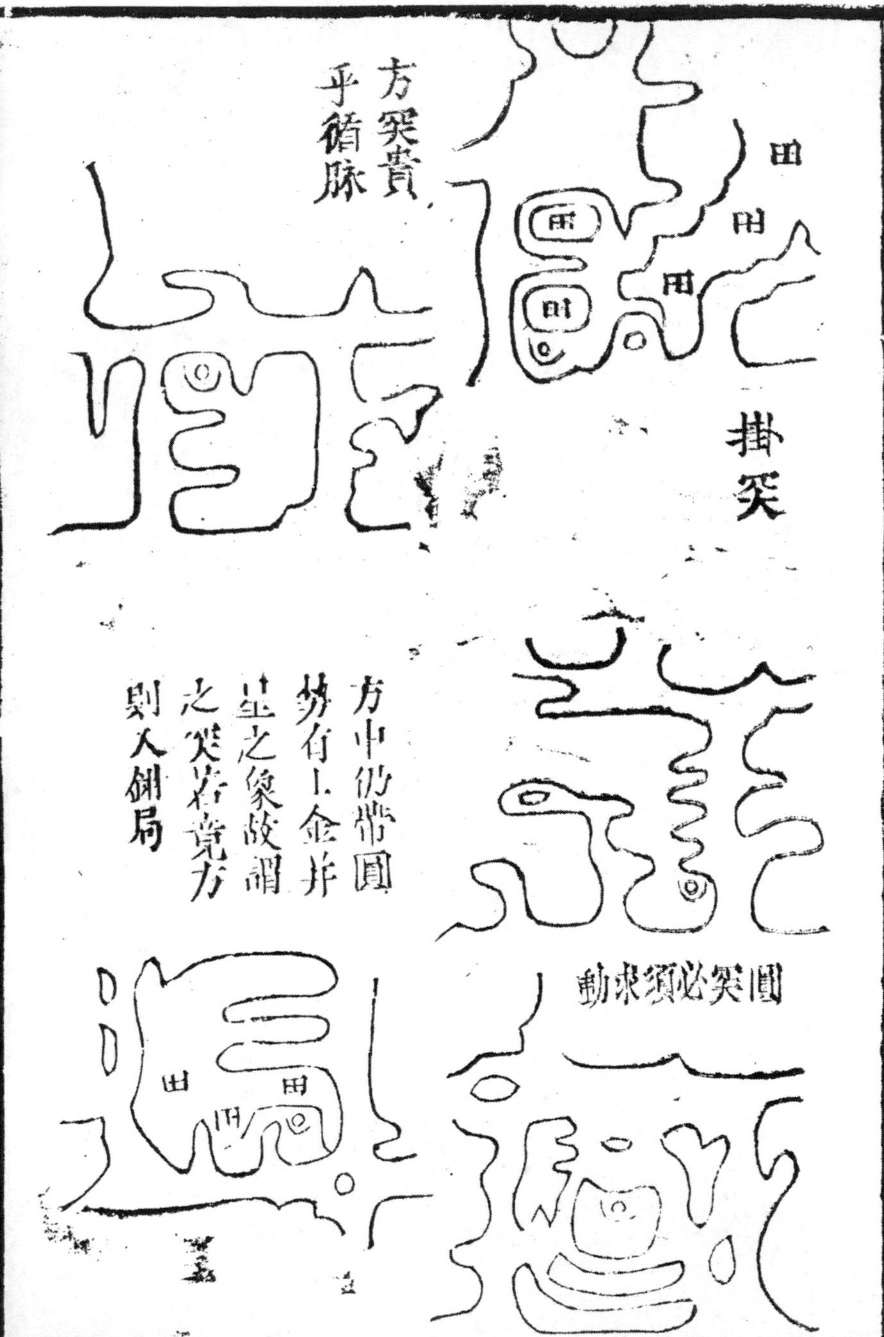
方突貴乎循脉
掛突
方中仍帶圓勢有土金并生之象故謂之突若竟方則入剛局
圓突必須求動

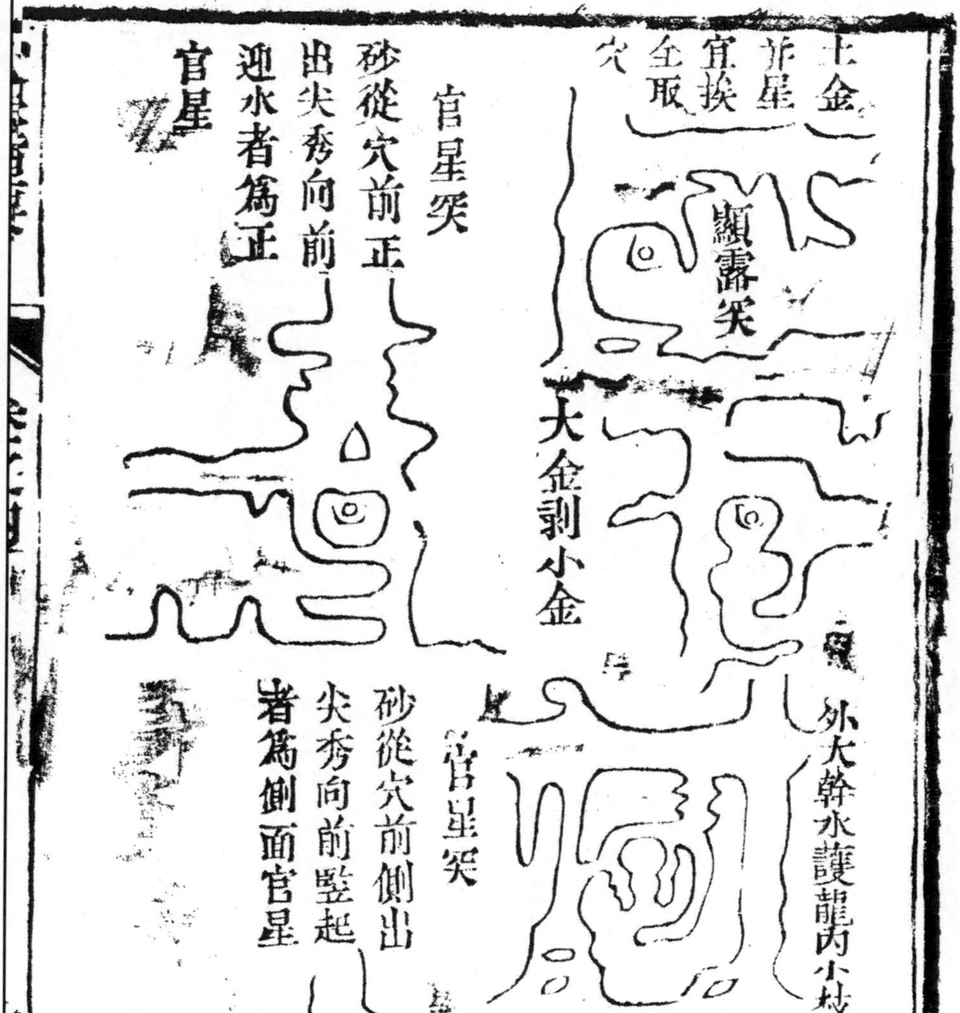
土金并星宜換全取穴
顯露穴
大金剥小金
官星穴
砂從穴前正出尖秀向前迎水者爲正官星
外大幹水護龍內小枝流繞穴者是
藏伏穴
官星穴
砂從穴前側出尖秀向前竪起者爲側面官星

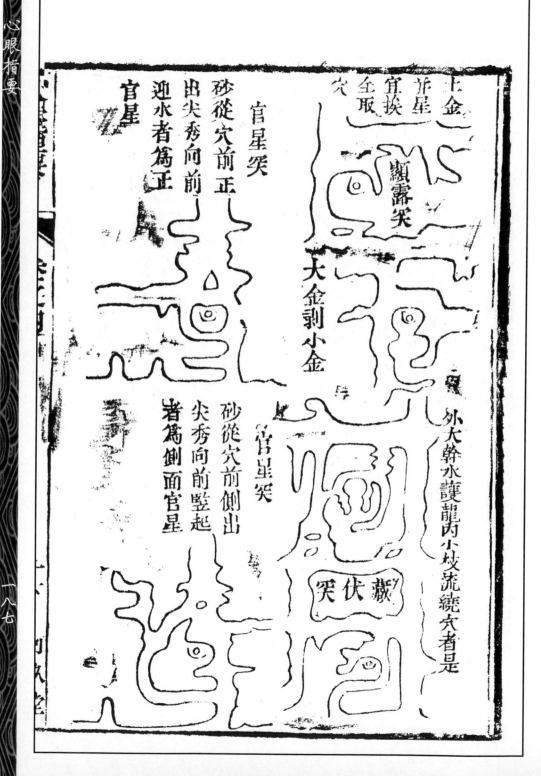

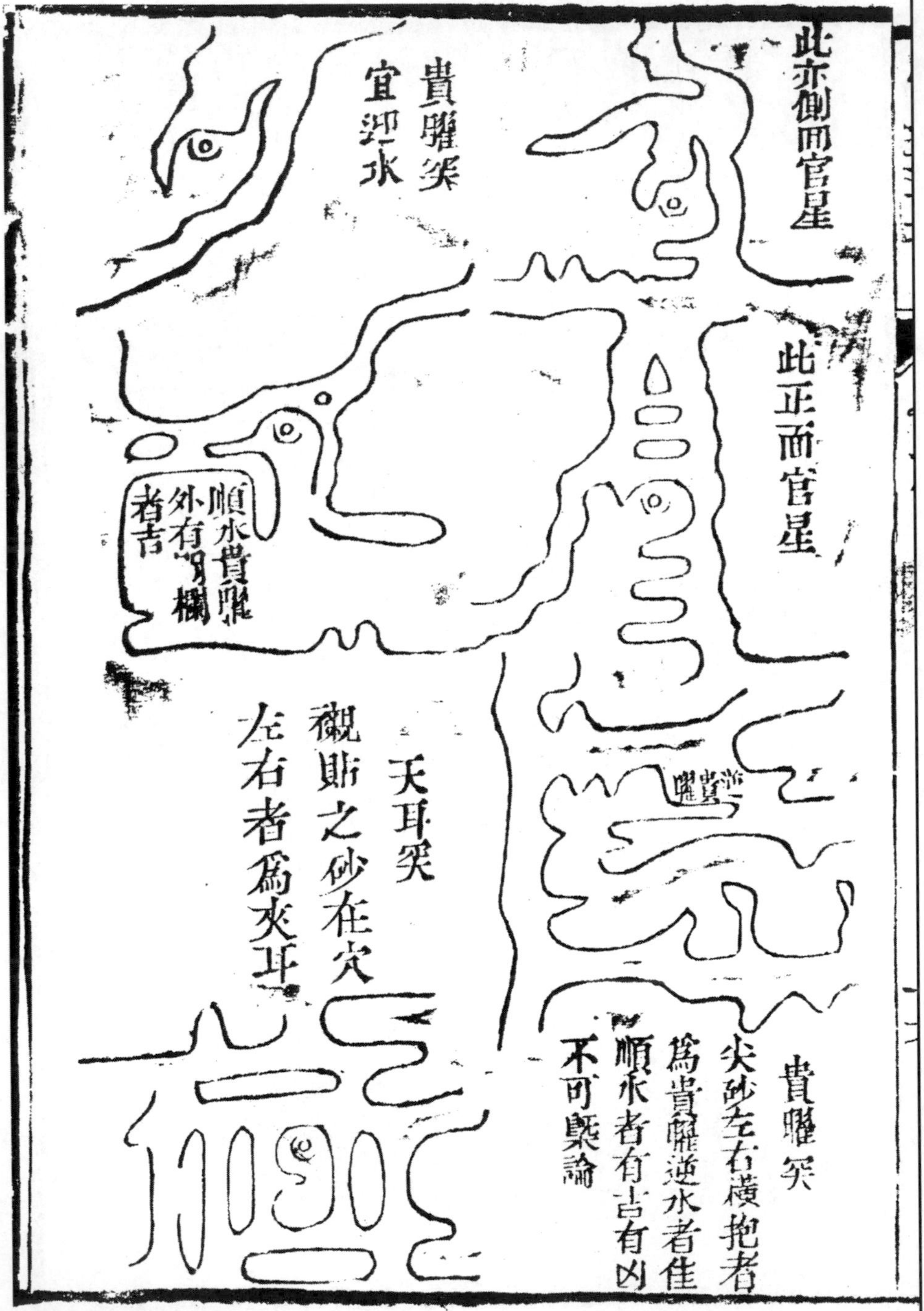
此亦側面官星
貴曜穴
宜迎水
此正面官星
順水貴曜
外有明欄
者吉
逆貴曜
天耳穴
覷貼之砂在穴
左右者爲夾耳
貴曜穴
尖砂左右橫抱者
爲貴曜逆水者佳
順水者有吉有凶
不可槩論

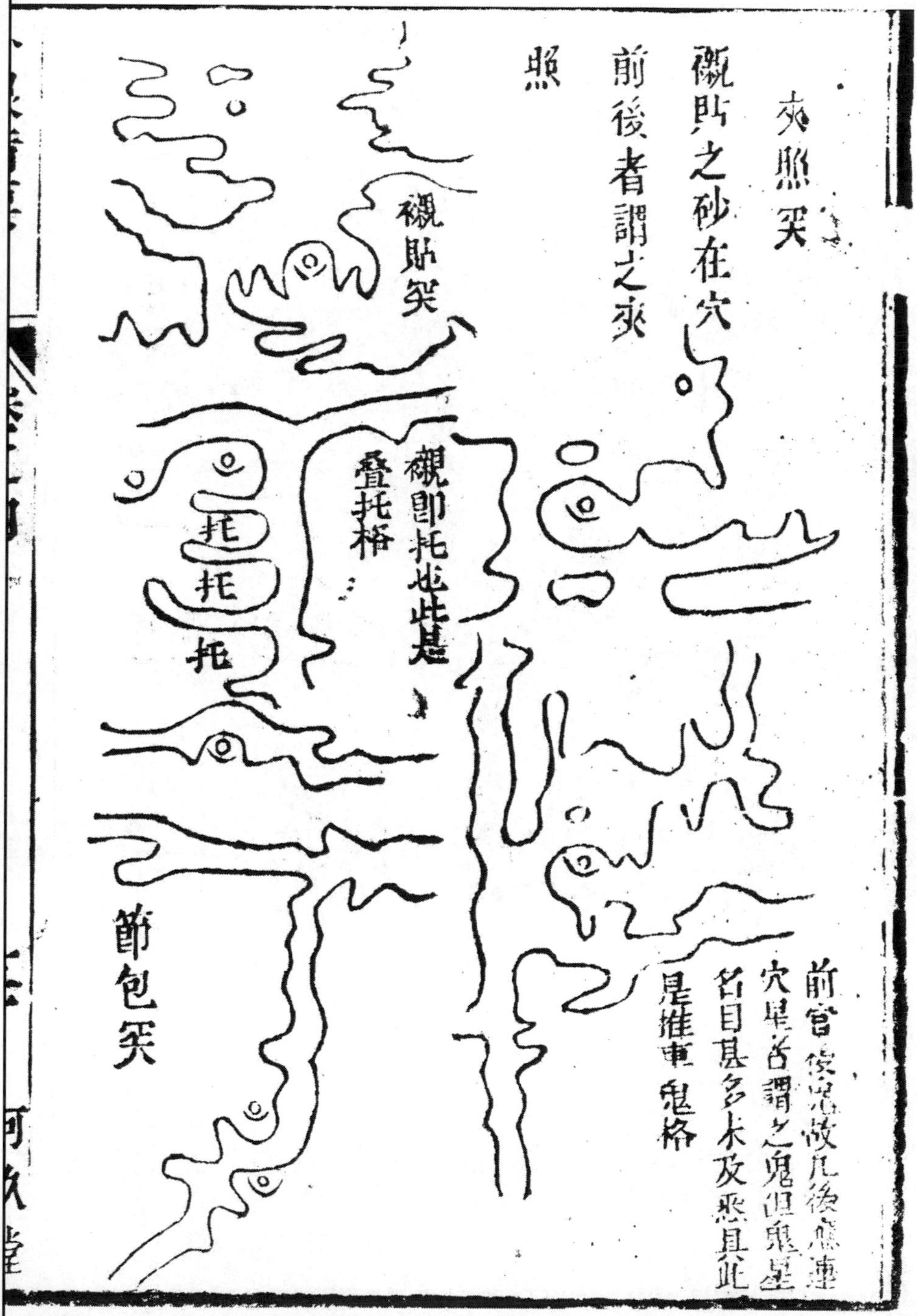
夾照穴
襯貼之砂在穴前後者謂之夾照
襯貼穴
襯即托也此是疊托格
托
托
托
節包穴
前官後鬼故凡後龍連穴星者謂之鬼但鬼星名目甚多未及悉具此是推車鬼格

荷葉穴

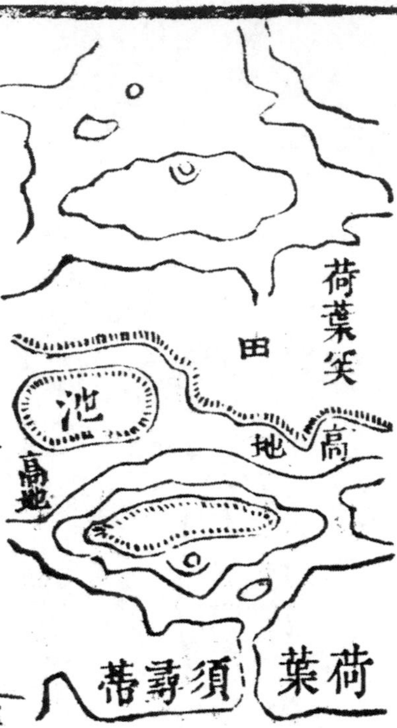

金盆穴
金盆認掌心

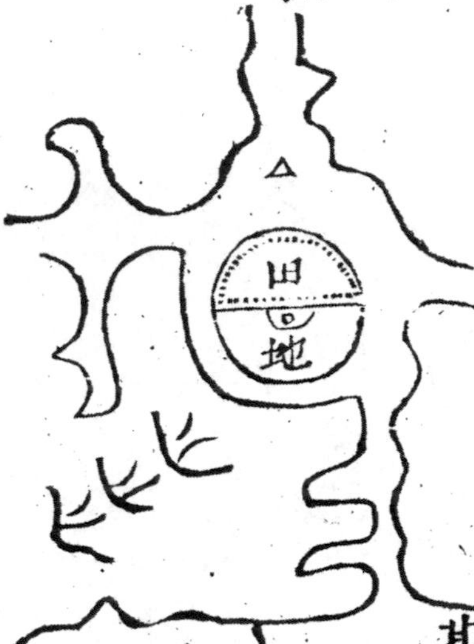

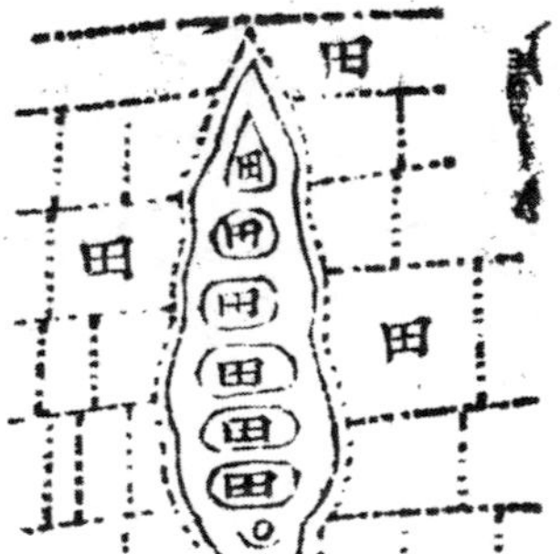

秋葉穴
五星俱備
長與錢都
憲坎與此
局相似

碁盤穴方者是

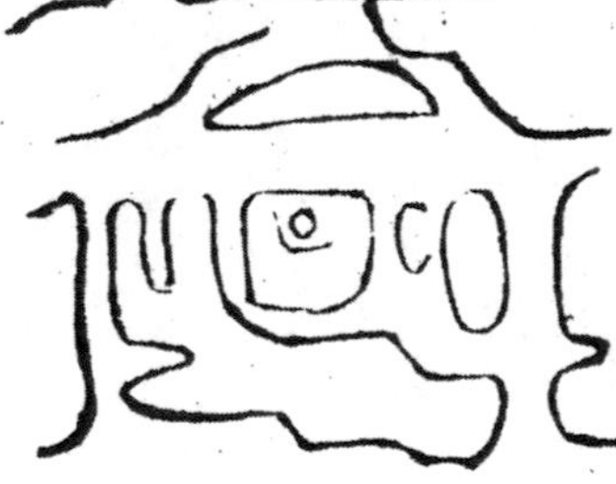

前曠後容
穴宜坐後

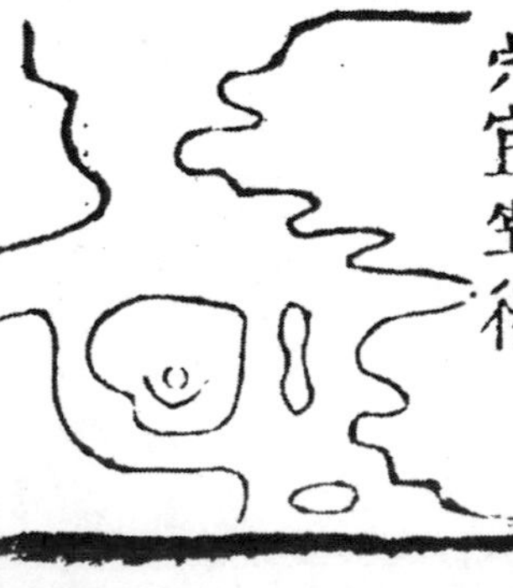

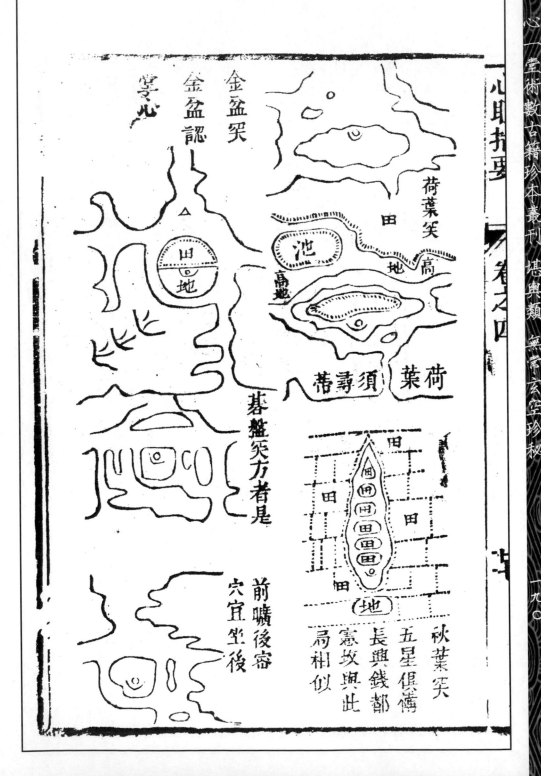

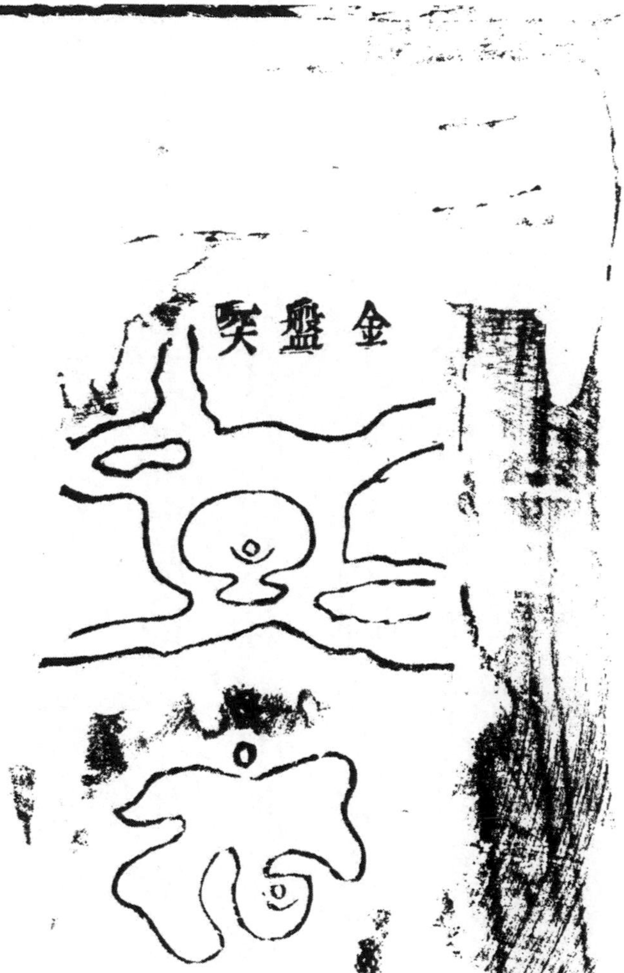
金盤穴
梧葉穴

吐唇穴說

吐唇之穴大變結于水土平面之間者居多但吐唇有形而兼有象或如新月如蛾眉如眠弓悉有吐露之形故謂之吐唇其氣則息而微生機磅礴穴情類多金體其體有正出有側出又有大小濶狹長短之不同其立穴必須看其吐露之精神在左在右又要審龍神之有無生死再察四應之有情無情以爲準則耳

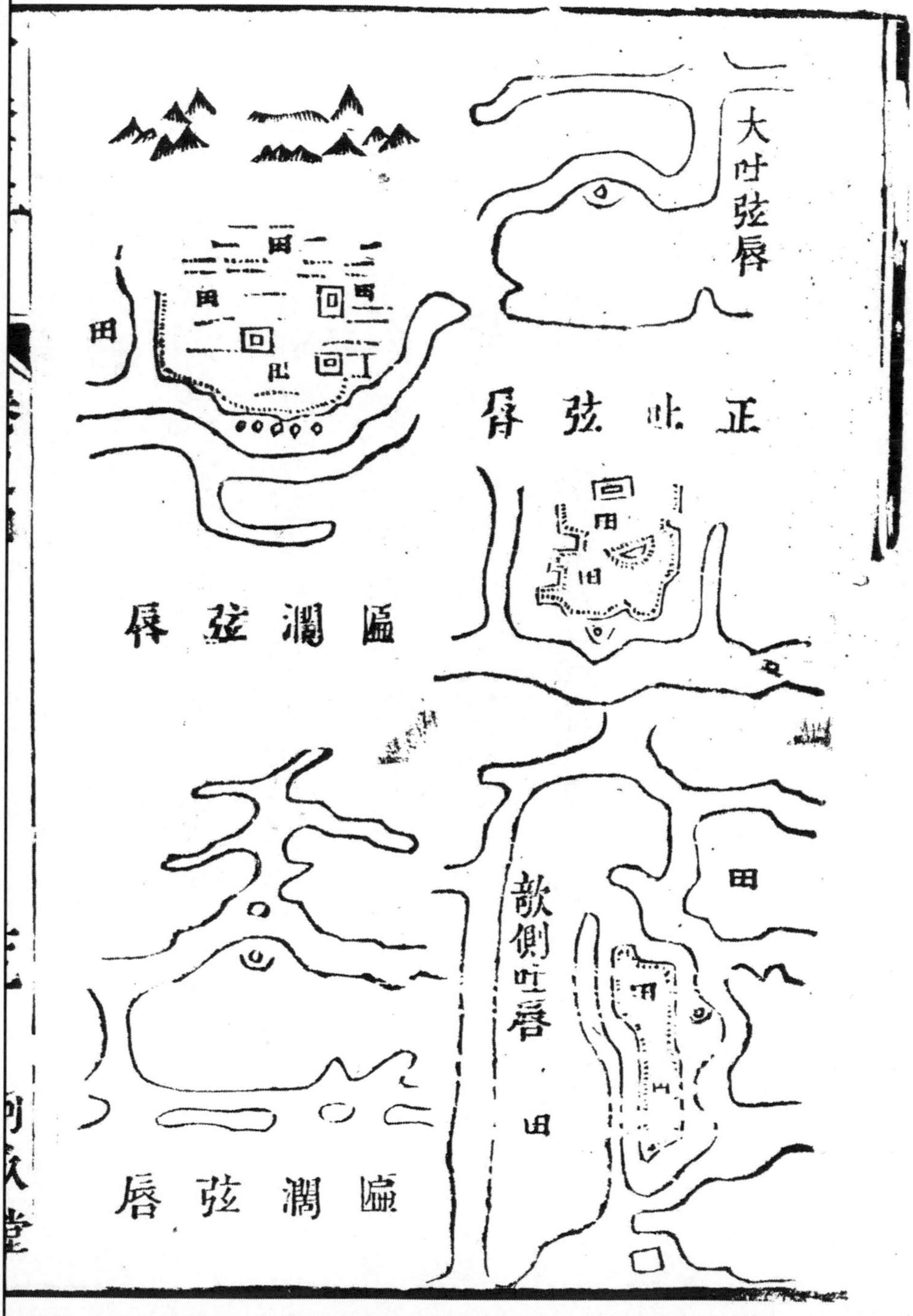
大吐弦脣
正吐弦脣
偏濶弦脣
欹側吐唇
偏濶弦唇

飛邊穴說

龍飛走邊隱現莫測無窩乳可名無狀可象故曰飛邊然飛則必有根蒂可據照應之足憑而後能飛此等地面人首本屬沿邊全賴來龍奇貴蓋帳森嚴砂頭簇擁水法玲瓏然後相其動處而下之則無有不合矩者矣其變幻則有朝拱夾照活動流走諸象但格局之貴賤在人自爲取裁

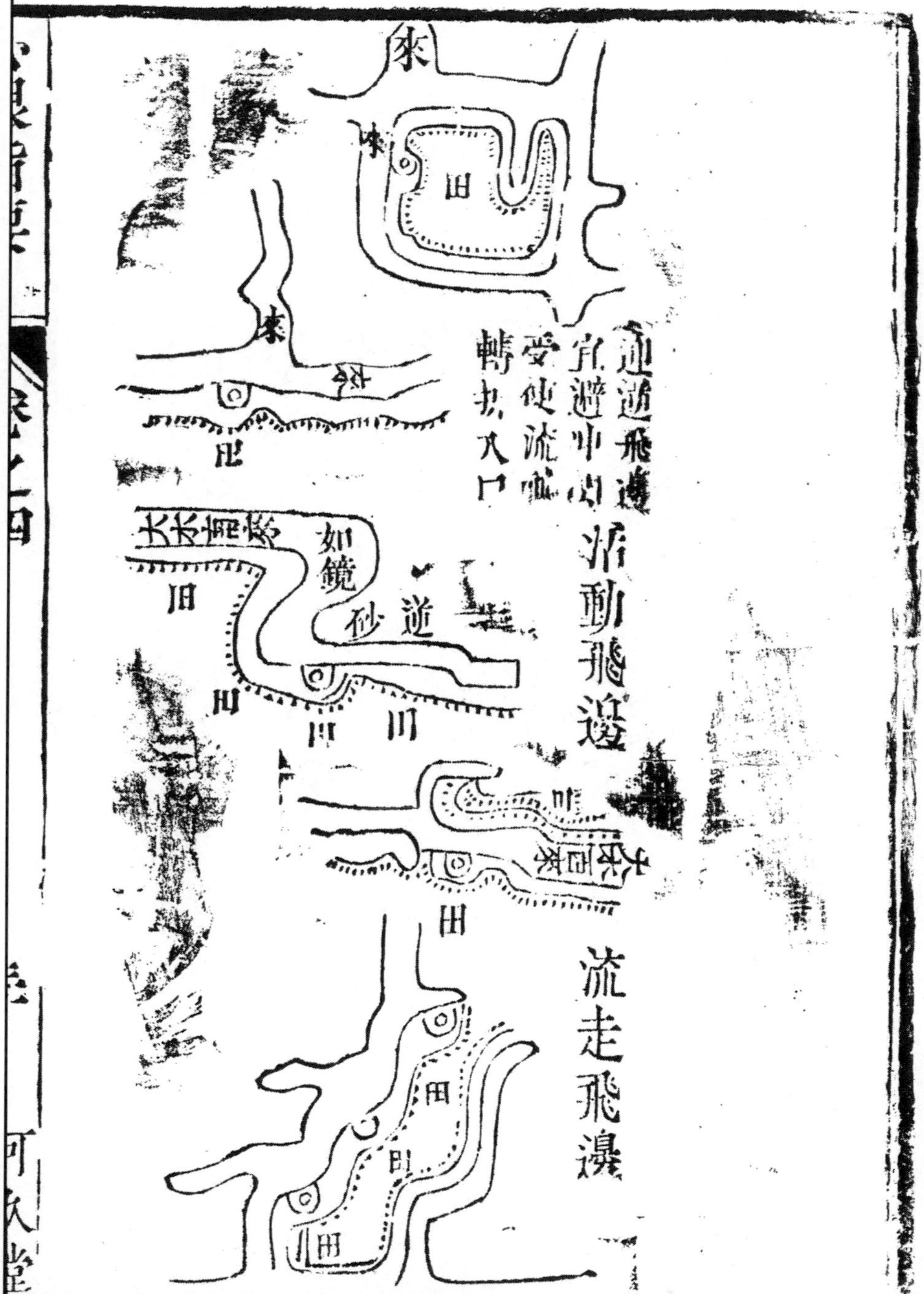
來
田
逆迎飛邊
宜避中出
受使流砂
轉折入口
流動飛邊
如鏡
逆砂
田
流走飛邊
田

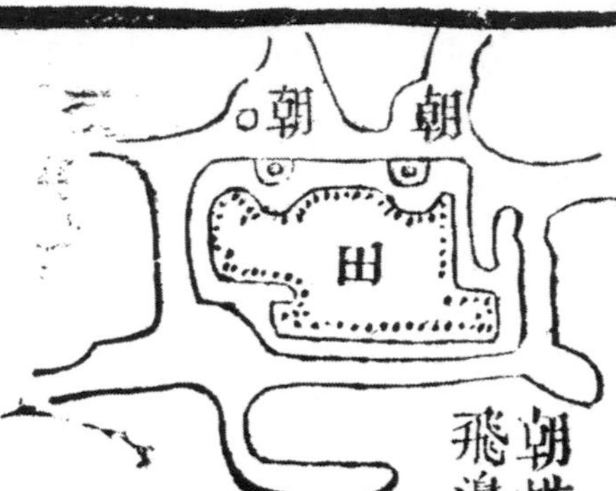

朝拱飛邊

夾照飛邊

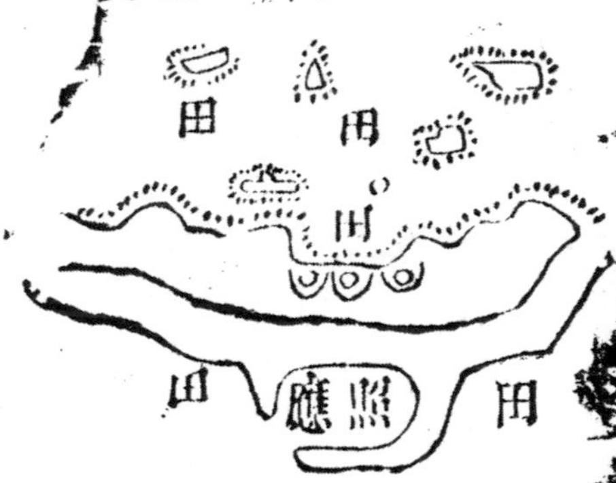

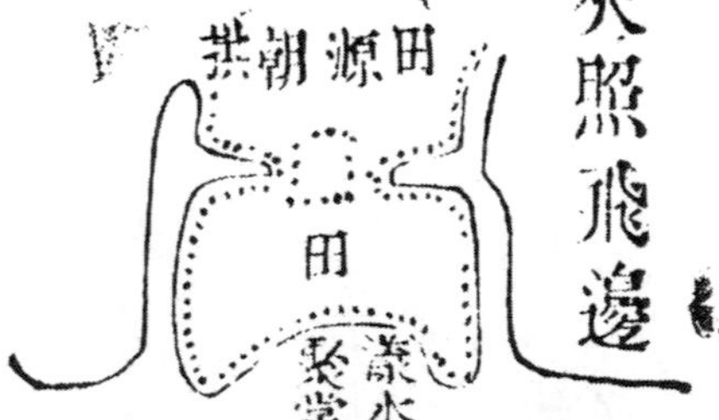

夾照飛邊

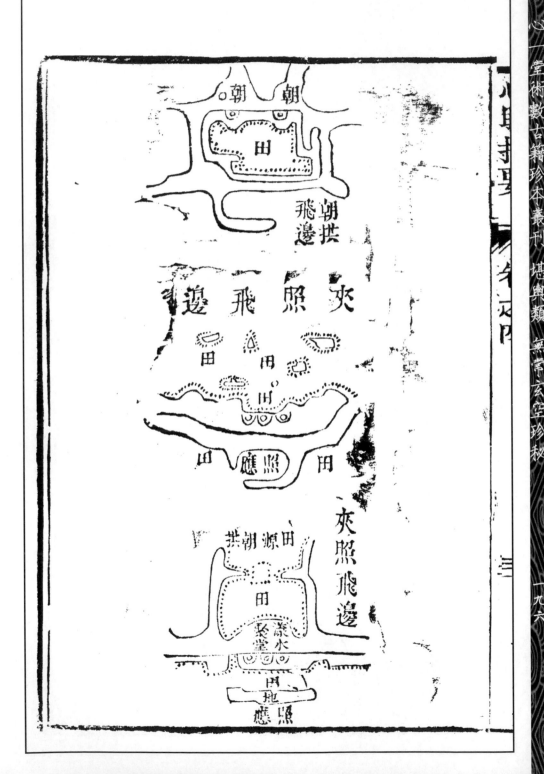

順騎餘氣作勢堂局在前故當正貫正乘

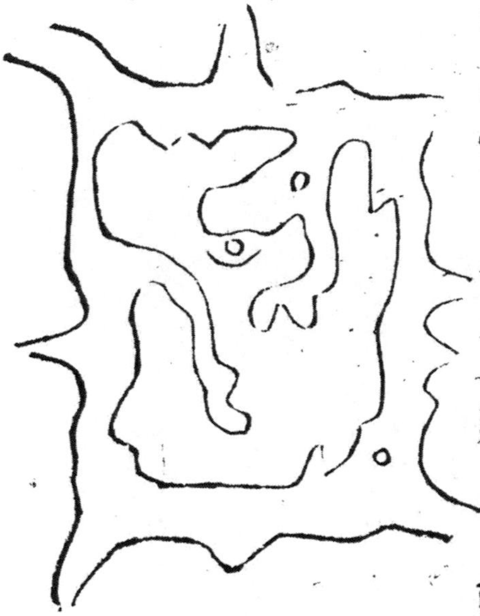

倒騎餘氣臃腫堂局在後故當回頭顧祖

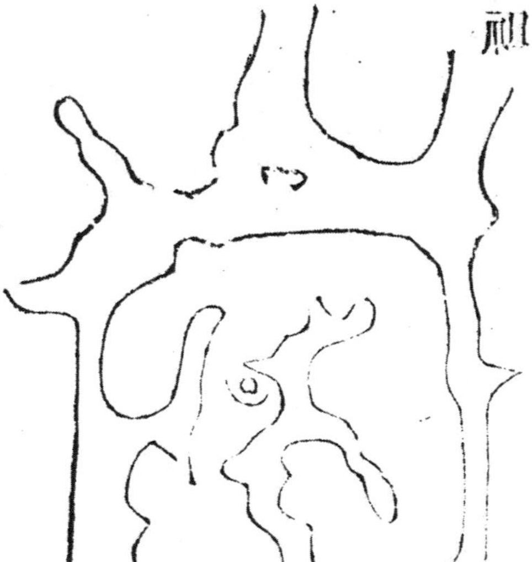

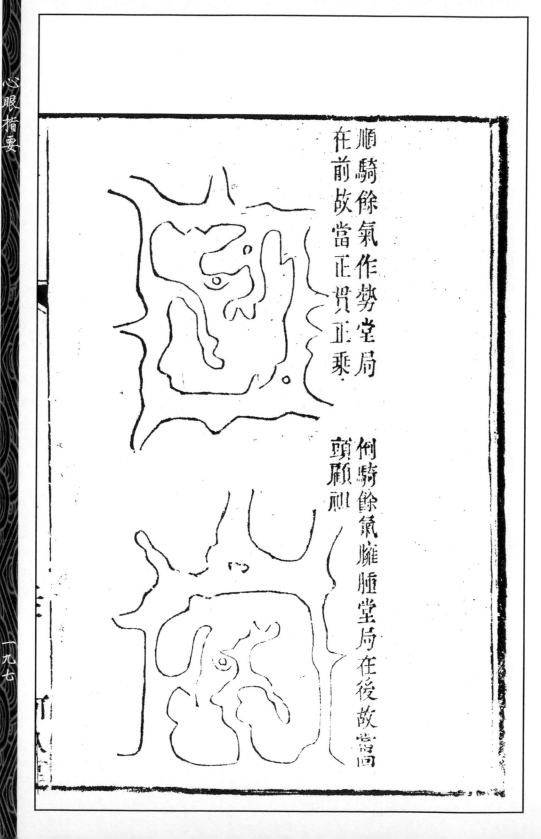

騎龍穴說

穴結於腰腹故謂之騎然騎有順騎倒騎逆騎橫騎之別騎龍難得眞結必前迎後送左關右界方見正結騎龍之穴必兩頭束峽中間開帳而有肉兆自成星體方爲眞穴又須審龍身交合之多寡精神氣勢之衰旺權其優劣以爲棄取耳

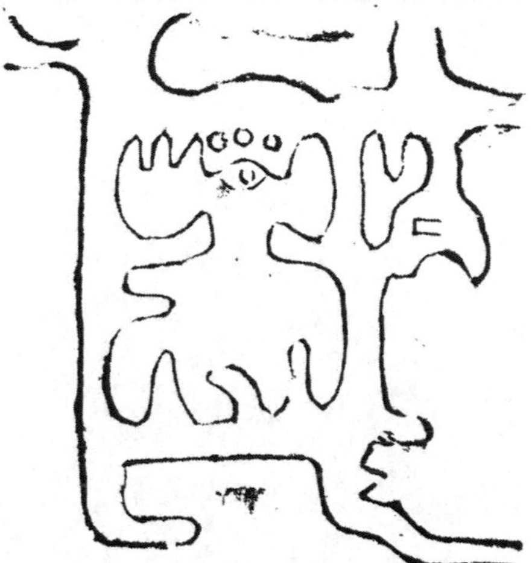

逆騎纔起
即結餘氣
任其舖張

橫騎必
須開脟
吐唇迴
轉餘枝
關護方
眞

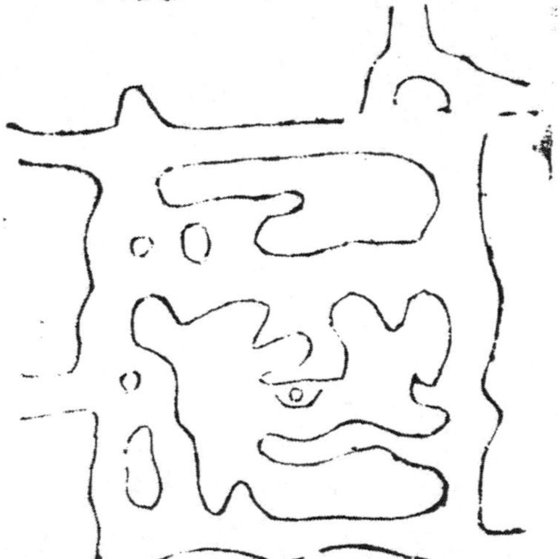

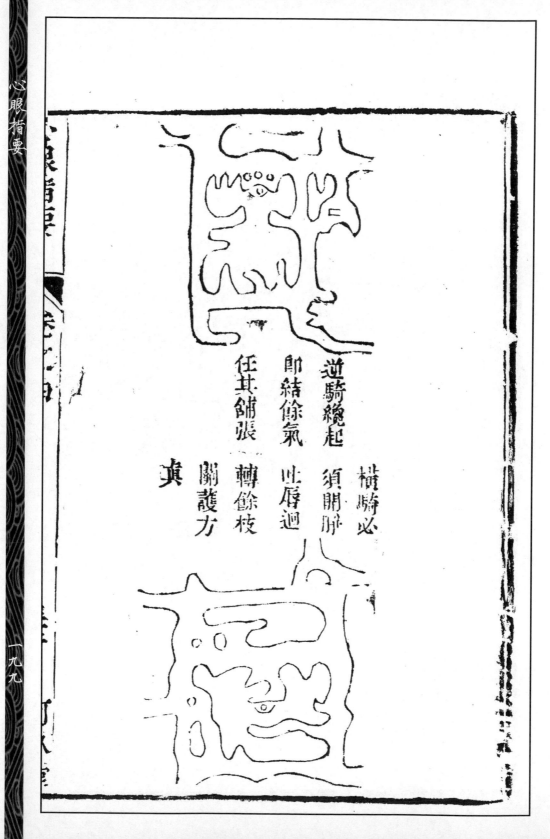

狹小弦唇

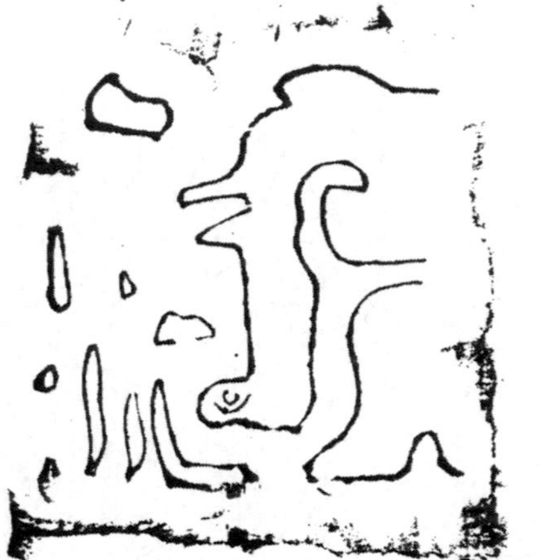

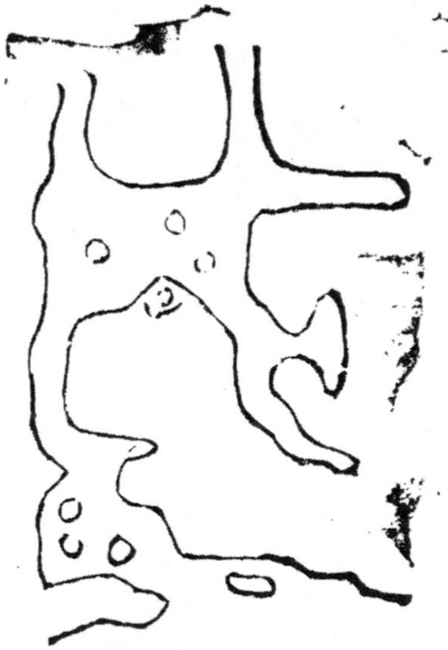

狹小弦唇

斬關穴說

斬關之局以生旺之氣全在峽中也如大幹來龍茫茫一片行到中間忽然揷入兜浜束爲過峽其氣必從峽中束放而行過峽之後如復茫茫頑如前地則其氣又散而不結定知此間旺氣全在峽中猶諸關津要路來往必由故曰斬關斬關者必兩頭極其散漫中間束峽甚緊與騎龍之兩頭束峽中間開帳者爲的然峽必緊束得勢爲貴又必須有穴情可下有堂氣可收者方真

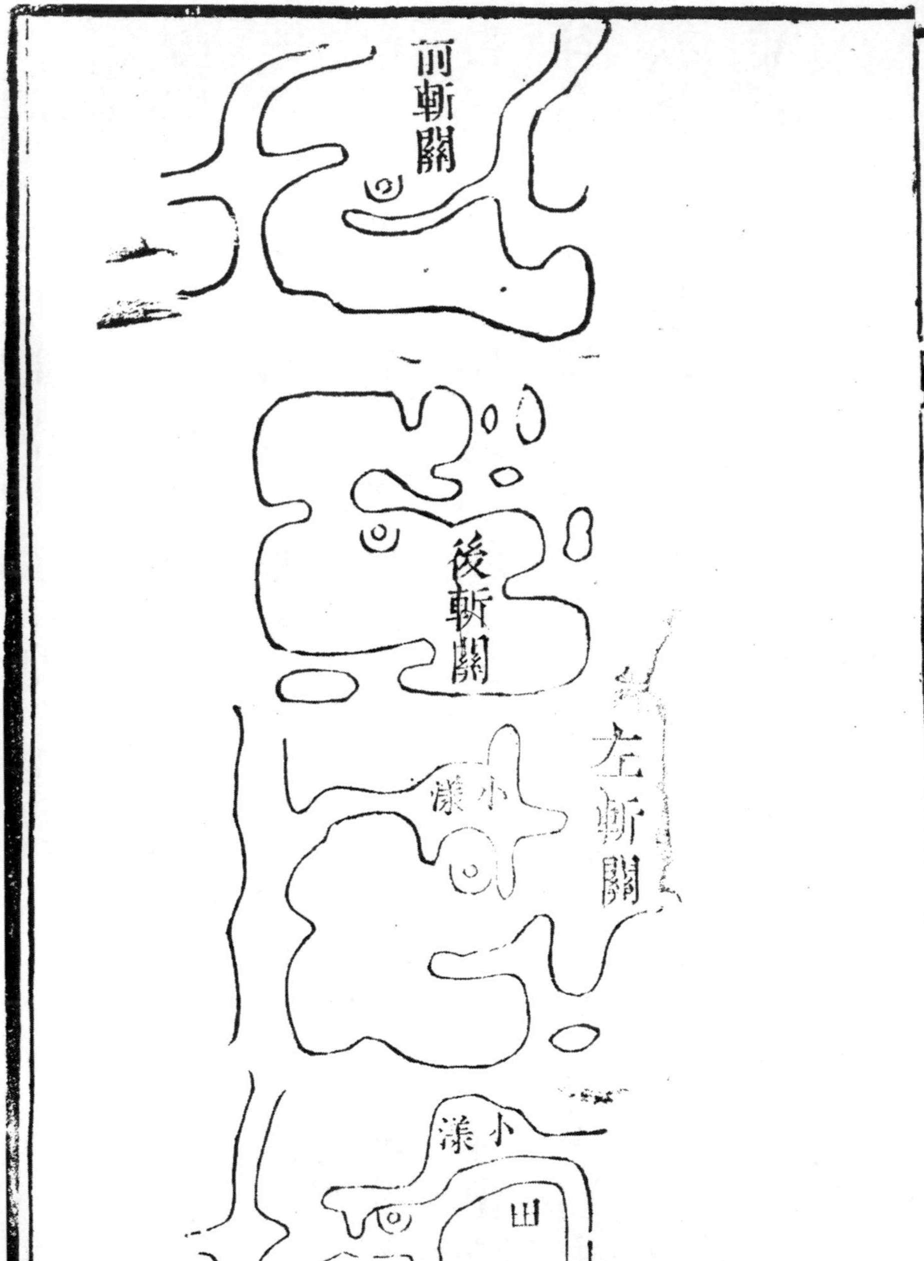
前斬關
後斬關
小漾
左斬關
小漾
田
右斬關

合襟穴法

穴有結于合襟之處者是即水合氣鍾之義即青囊天玉三叉城門之謂也如龍有關束蜿蜒得勢穴有結于陰流小界中者或竟結于陽流交合中者或一邊通河或一邊浜兜結于陰陽交度之中者總要觀其來歷相其行度或順或逆曲則生動則旺背能融結妙穴若平直呆板落脈不清轉關不密縱有合襟必是過渡假局耳

天池穴法

池水似泉非泉自然靜深有澄蓄可愛之致殊非人力所能爲者故曰天池此等結局大率出于頑厚高地之中者居多不必問其龍自何來只要有穴情爲主其地有大小順逆奏槩變幻朝拱之異總以活動者爲作須看何處一邊有弦唇吐露朝向池內者便是穴情然後審其堂局之在前在後照應何方或順作或逆取或坐或向無所不可但下穴必須飛邊近水則眞氣始聚池小者距水二三十步大者或四五十步須審度斟酌未可盡拘統而論之必要水法清深地土堅厚土色榮潤更

得秀砂照應遠案列秀主富貴綿遠此等地面大率孤陰不化一遇靈動即是陽元始生之氣即是動氣即便結穴

近水穴法

近水作穴謂之謙水其法不一或因其眞氣於水際住歇而穴宜近水或因其砂水有情可收而穴宜近水或因其龍水一家合局而穴宜近水堂水細流而曲繞則近前堂水濶大而蕩逼則近後近左者要左砂之逆抱近右者要右水之迴環變態萬殊總以藏納爲主聚氣

爲先靈動爲生向則審機觀變或倚或坐或向隨局而布總以得水爲要也全在圓融裁酌心領神會斯得之矣

砂水變幻總說

龍穴既已發明砂水豈可不辨然砂水亦甚變化而難窮今遍証名墓會通其概定爲十有餘格曰漾水聚堂曰衆水聚局曰來去水城曰砂水逆纏曰砂水兜收曰入口朝堂曰張潮食水曰逆水結局曰順水結局曰坐水結局其間言水而不言砂者砂在其中矣言砂而不

言水者水亦在其中矣砂不離乎水水不離乎砂故分而言之者立其體也合而言之者廣其用也其體其用合而分分而合者也各立圖說以相引證若夫砂之枝脚橈棹帳蓋襯托官星貴曜捍門華表文筆三台獻花展誥玉几橫琴如珠如印如節如圭以爲朝對龍虎排衙鵝班鵠立旗鼓輔弼以爲拱夾天樞地軸日月獅象龜蛇以爲前後關攔水之大幹小枝陰流陽流隨從迎送轉激纏繞衛護養蔭關收蓄積橫攔特朝輸情傍拱以爲証佐以爲照應此皆砂水之顯露豁然照著隨在

而有者也然恐雜而難稽因復兼綜其式彙附其端以
資博採云

瀁水聚堂

水貴聚而不散蓄而不滿江湖溪瀁之旁立穴散而瀇
者無取聚而蓄者可用然必小界關收陰流會合爲要
若大水汪洋內無小界外無砂蔽名爲瀁蕩則其穴爲
蕩胸爲瀑面蓋勢大無關不能承受陰陽不交無所取
裁然亦有水大無蓋砂而結地者穴必眞的用必盡善
又須察水神之情狀可否而後所點如水法散漫登穴

忽然收小如盛盆盎中者爲佳或有遠看歪斜登穴圓
明如鏡或環拱如帶無復歪斜之狀者便可方知此水
爲我而設更兼用法合宜有發福無休無歇者也○湖
州蔣婁宋飛濤祖墓地名顧家蕩屬烏程境朝南出面
開鉗結穴癸山丁向面臨大漾蓄聚圓明發財丁小秀
康熙乙丑年飛濤葬父請宜興地師程姓號我滋附葬
昭位立亥山巳向挨加壬丙課云秀才出去狀元歸又
曰登科即狀元也應在乙酉飛濤即於是科中式

水城要下手得情得勢

平陽水法貴來路多而去路少蓋來路多則氣有所鍾去口少則氣無分洩然而有去斷有來去少則來亦少去多則來亦多斯亦理勢所必然者也故往往有三四路水來朝合隨分三四個去口者驗諸名墓儘有融結上地但來多貴聚去多貴蓄來口不宜順竄去口須要砂關下手折要得情得勢天門浩蕩似無源去口關攔須緊閉斯得之矣

砂水須逆纏

衆水迢迢順下忽見一水兩水逆流而上或屈曲數節

或獨繞一圩此中必結上地蓋行龍至此必須下流屈曲去口緊關或大水橫攔大圩抵柱關㴉其氣不使竟走砂關水會便可安阡下得吉向福蔭必宏即四三二一亦謂之逆纏

砂水要兜收

前格論砂水逆纏此格辨砂水兜收然水纏即是砂纏砂纏便是水兜何用區分不知逆纏之取用在于水神兜收止蓄之處裁之始不致悮

入口須求屈曲來朝

朝堂之水須轉折入口爲佳故曰九曲入明堂即轉折之謂也葢有轉折則不衝射而氣與水有相迎相接之情來要之元去要屈曲如當面特朝須要短濶龍水既合再察水裏龍神得失以爲棄取耳

張潮食水

食水者收入元竅之中也如沿江近海之處六時潮來六時潮落來口即是去口去口即是來口氣機鼓動運行不息與遊魂之來往無定者有異潮水之地往來一定潮來爲客潮落爲主控制山川打動龍神全憑理氣

山上水裏天機消納體用不可偏廢非獨潮水如是即水龍平洋皆宜如是方是體得其體用得其用矣

倚水立穴

氣爲水之母水爲氣之子氣行則水行水來則氣來故曰水夾龍行龍隨水轉蓋謂氣行地中無形可見故必觀水之來去順逆以爲龍之行止者理之常也然又必相地之形勢又必相形勢之轉變又必相傳變之順逆以爲行止而不沾沾以水之來去順逆爲行止者也是故有水自北來龍自南來水自西來龍自東至會爲逆

水之局可見龍之變化難量水之行度無方錯綜交互神鬼莫測學者更可從此而益窮其微妙矣

穴貴專結

專結者不待會局而成者也行龍至此如脫穎而出猶夫蚌珠碩莫獨顯精華洵亦川源靈氣所鍾力量實與會局等也特其四應頗多頑厚與會局之脫卸成團者稍覺有異耳

漾蕩偷結須求眞

水鄉澤國之區大漾大澤之藪每有蘆葦叢生砂洲錯

處令人眩目惑心無從捉摸儘有奇踪妙結雜出其間出人意想之外初看似無細覓方見謂之偷結此等局段護從必多沙水必極玲瓏葬得眞穴立得吉向與幹結等也

漾蕩閃結宜藏

水鄉之處如遇大河大漾浩瀚瀰漫洪流奔逐此中亦時有眞龍棲泊特以水勢張大往往閃落避其飄刼如泊岸浮牌之類大率依傍圩岸取其隈藏必以一二陰砂蔽穴爲關攔爲証佐者結穴方眞合得上乘亦至穩

至安而裕後昆也

諸般貴在氣眞穴的

奇形怪穴世所驚詫在道眼視之則無奇不正其所以然者無非因氣審形因形察氣氣不離乎形形不離乎氣學者苟能研窮形氣妙合之由舉一反三何難得心眼二法之三昧哉

會局成垣須察氣勢

江湖漾澤之藪若見砂水簇湧如五花八門眩目惑心者其中必有融結務須尋其入路探其消息如見前後

左右之砂雙雙朝抱拱伏明堂中間又得小砂小水獻秀呈奇為案為朝外勢又重關疊鎖為照為𢥞或數里者更當尋其來蹤觀其行度究其止息窮其變化而後眞意始出力量始見夫然後再察其結何形體成何星象合何垣局一一按索果能與天星暗合毫無勉强則知氣化形生而為奇局中第一等大地矣堪法合矩必發大族而世出公卿取魁元而登宰輔眞易易耳

田源墩阜必要來情

平陽以一突為奇昔人之言辭不達意世俗不解遂謂

平地平田之中池湖漾蕩之內高起孤墩皆以爲穴因而指點豈知孤墩純陰不化葬之必絕凶惡豈可言耶要知穴字之義當作窩鉗乳突之穴平洋遇之亦是眼倒平鋪但左衝右突奔往向前結成星面者卽爲之穴也鋪毡吐唇之類此是正格如山下平陽來有蹤去有跡起有頂伏有斷者必須斷續牽連壘如貫珠或如三台七星落地梅花及泉星拱月羣雁賓鴻之類總要簇擁成局衆砂環繞搭護有情則不孤露而眞氣始聚此等局面近山處多出平原之上惟水鄉澤國多在田野

中相得眞穴看眞來情亦主蔭育賢才以昌世業

池塘砂埂須求龍眞穴確

格之變體至于蕩埂而止矣浪打風吹相爲摩盪結爲砂埂砂洲是以至剛之勢而成至柔之質氣機相感歷久而愈顯其精神或成形象更有浩瀚瀰漫逐浪隨波盡屬洲渚一如鷗鳥之浮沉者此皆天成之局也亦有開濬爲魚池有多至千百爲伍沿邊地埂滋漫似瓜籐牽連若亂絲者雖人力所致出於無心者之所爲偶合夫天機者也此等地面認彼來情相其形局果是龍眞

穴確福蔭儘有與諸格相等是在觀其變而通之斯得之矣

石骨証佐必須靈巧

平陽間有石骨散見于結穴之前後爲證佐者如眞氣脫刼出洋每多石骨果能氣止水交石骨靈巧如頑石必是過龍再兼用法合吉必產異敏奇才文章經國中格之局亦發科名因集石骨証佐爲一格

疑難點穴必須心領神會

穴之名目雖多各有星體故點穴自有矩度無待疑似

乃間有出入意想點于若連若離之間可解不可解之際居然發越此乃疑穴殆非高手不能阡學者苟能細細窮究其體用之精微尚有取法乎上僅得乎中之概况行險僥倖冀中萬一庸可法乎初學好異喜新一失其旨如隔天淵善學者貴虛心應物心領神會如是方知望勢尋龍易須知點穴難

點穴定向須得元微

上乘之結星體顯然穴情易定中下之結星體隱拙穴情難明于是察其情揣其形再參詳其用法之得失貴

乎度其情審其機會其意而通之然後立穴或偏或閃在前在後或向或坐恍惚不可爲象令人乍見疑其異細細玩索而得其旨者乃作法之元微誠哉其元微也

枯老雜榮

龍老則枯殺機伏也嫩則榮生機萌也葬乘生氣故忌老而喜嫩若行踪板實關界不清到頭澗大入首糢糊胸襟逼窄不開堂局或源流乾涸或地土沮洳或居亂塚之中或在瓦礫之塲生意消亡殺機潛伏則其神必濁其色必瘁非犯剛暴即犯陰寒揔謂之枯老若誤葬

之生新凶消舊福與童斷石過獨等也

似是全非

事物之理是非昭然而乃有似是而非者惟地理之法更甚如黃泉八殺雙山三合四經小元空納甲撥沙之類不勝枚舉種種僞法都是後人所造似是全非

裁成補救

穴有就局之法蓋以地勢濶大龍神散漫無穴可定必須察其情形稍露頭角之所及照應有情之處體裁酌量相度權衡然後阡點謂之裁裁者相度之謂也並非

掘鑿開塡乃謂之裁也如是凡遇鄉民編戶無力覔地可以隨方指引合得生機再能兼貪兼輔亦能蔭育賢才以昌世業此誠方便法門不可不通曉也

山向得失

前章論體此節言用語云有絕向無絕地然則山向之旨可不深究乎青囊天玉理氣之法門也曰一卦通管三卦曰倒地翻天關天關地曰衰旺生死是理氣之功用也但天心所秘造物所忌故傳書不傳訣傳訣不傳書良有以也世之談理氣者多得訣者少故爲人立向

每多外錯此乃不識挨星之咎也故曰有人識得挨星學朝是凡夫暮是仙

砂水宜辨情性

砂水者龍穴之證佐也故審龍穴以立其體必察砂水以神其用每見龍穴平常砂水警拔而兼有情顧穴亦能發福龍穴雖好砂水無情必遭凶禍故砂水不可不察也明矣

須防暗煞

煞有剛柔明暗剛煞明煞其跡顯然人所易檢柔煞暗

煞其跡隱微人不及防如誤認以客棺爲橫琴浮尸爲遊魚屠刀爲牙刀反劫爲闌峽衝射爲朝拱之類皆謂之柔暗而不及防者孰知禍不旋踵爲害非輕

明凶尤忌

暗煞固當細察明凶尤宜詳辨故凡瓦礫亂塚盡壇舊墓及窑竈戰塲等等生氣消亡煞氣潛伏謂之病龍又謂之明凶縱使來勢淸巧穴情秀美已犯明凶苟負形局忘其殘暴神靈不安災害立至愼勿誤葬也

愼思妄改

結穴之地各具天然之局卽有自然之向是在得訣明師善體此理以道達其形勢之性情耳究何嘗有强彼山川之性情以自逞其偏僻之意見乎然則師雖通而庸流則不但不明理氣而且并不知有形體往往胸馳臆見無知妄作任我施爲然妄作者終歸誤謬任吾者必出于猂誕故予每見茫然無氣之地東開西鑿南塡北塞倣出形局惑亂世趨眩矅一時終當敗絕此因不學無術之所爲主東慫然憒然而不察斯亦氣數所關因緣所致姑無論已甚至有安葬已久已經發福一旦

誤聽庸流蠻將砂水龍穴曲意更張希圖厚蔭翻成凶禍諸如此類皆不可不知所慎也如嘉興包銓部名鴻逵葬高祖地地名五環洞右旋卯龍入首朝南出面本體大圩包裹有情小圩作案穴情寬大故近前就峽乘卯氣立癸山丁向內堂水從西南側入收庚水到堂至巽口葬後父子同登科甲蟬聯四代財祿大旺後聽庸師謂庚丁坤上是黃泉反云宜去不宜來填塞內堂庚方來水隨損數丁居官者亦失職因開改如舊然氣脈受傷爲官不壽客死他鄉財祿漸退可爲妄改者戒又

嘉興卯主政名履嘉祖地龍從西來轉西朝南乘辛酉丙收丁水到堂流神曲動地氣生旺急欲求孫後因葬父穴後開浜既傷龍氣又開斷靑龍案砂歸取阡點作立丙向收丙水到堂葬後非但求孫不得且不數年父子俱喪可爲開鑿者戒

修墳當究元機

元機者葬時五行得失之元機也考其山向按其龍穴察其沙水再察興敗之年月何年興何年敗一一辨清再究其山上水裏可修不可修可修者然後斟酌修理

或將山向更改或將塚上土重堆一或立碑記或開或塞總要在五行生旺之方也修着之時自然發福若不明此道誤聽庸師輕舉妄動未見其吉先罹于禍故古墳舊墓宜修而不易修也

切戒遷徙

凡人子葬親當豫爲一成不動之計不可輕率既葬又遷今有輕信人言或爲富貴動其念或爲禍患惕其衷往往輕率改葬然改葬一事果有水蟻凶砂惡水爲患以致丁少財退改無不可然恐又爲庸師所惑誤改者

禍不旋踵可不慎哉古人論遷葬謂人丁蕃衍者不遷年代深遠者不遷家計平康者不遷又曰有龜蛇生氣之物見於壙所其氣必煖不遷茜藤靈芝布壙內外祥瑞之徵不遷樹木鬱葱松毬瑞草紛披吉氣所鍾不遷凡此之論總欲爲人子者慎重其事遷豈易言哉豈易言哉

接墳宜善

故家世族必有發詳名墓垂蔭若接墳內暴不但減力且必致凌替故往往有鐘鳴鼎食之家誤聽庸師任意

假局一敗如灰此青烏經所謂生新亥消舊福然則掇墳庸可不擇善地乎

心眼指要卷之四終

咸豐丙辰秋偶於殘編中得先大父遺稿曰陰陽二宅錄驗繪圖詳明言之鑿鑿顧其所梓行地理辨正直解天元五歌闡義心眼指要等書則又語多隱奧常以天律有禁爲可畏咸感之既而遺稿盡毀於兵燹而是板尚存于以知大父當日握筆立言欲秘而不忍欲顯而不敢者良有以也先是大父往來大江南北三十年世家大族所在延請者甚夥然必視其人素行善而指點之否則雖幣重金多辭不往也與其書中所云不敢泄世天機者將毋同耶由是觀之相其陰陽即天理之

悉吉逆凶潛心參究古語云造化大權非淺學所能窺
弄高科魏甲豈薄德所可強求先大父其殆三復斯言
歟同治癸酉夏四月孫品咸謹跋

占筮類			
1	擲地金聲搜精秘訣	心一堂編	沈氏研易樓藏稀見易占秘鈔本
2	卜易拆字秘傳百日通	心一堂編	
3	易占陽宅六十四卦秘斷	心一堂編	火珠林占陽宅風水秘鈔本
星命類			
4	斗數宣微	【民國】王裁珊	民初最重要斗數著述之一；未刪改本
5	斗數觀測錄	【民國】王裁珊	失傳民初斗數重要著作
6	《地星會源》《斗數綱要》合刊	心一堂編	失傳的第三種飛星斗數
7	《斗數秘鈔》《紫微斗數之捷徑》合刊	心一堂編	珍稀「紫微斗數」舊鈔秘本
8	斗數演例	心一堂編	
9	紫微斗數全書（清初刻原本）	題【宋】陳希夷	斗數全書本來面目；有別於錯誤極多的坊本
10-12	鐵板神數（清刻足本）——附秘鈔密碼表	題【宋】邵雍	無錯漏原版　秘鈔密碼表　首次公開！
13-15	蠢子數纏度	題【宋】邵雍	蠢子數連密碼表　打破數百年秘傳　首次公開！
16-19	皇極數	題【宋】邵雍	清鈔孤本附起例及完整密碼表　研究神數必讀！
20-21	邵夫子先天神數	題【宋】邵雍	附手鈔密碼表　研究神數必讀！
22	八刻分經定數（密碼表）	題【宋】邵雍	皇極數另一版本；附手鈔密碼表
23	新命理探原	【民國】袁樹珊	子平命理必讀教科書！
24-25	袁氏命譜	【民國】袁樹珊	
26	韋氏命學講義	【民國】韋千里	民初二大命理家南袁北韋
27	千里命稿	【民國】韋千里	北韋之命理經典
28	精選命理約言	【民國】韋千里	
29	滴天髓闡微——附李雨田命理初學捷徑	【民國】袁樹珊、李雨田	命理經典未刪改足本
30	段氏白話命學綱要	【民國】段方	民初命理經典最淺白易懂
31	命理用神精華	【民國】王心田	學命理者之寶鏡

62	地理辨正補註　附 元空秘旨　天元五歌　玄空精髓　心法秘訣等數種合刊	【民國】胡仲言	貫通易理、巒頭、三元、三合、天星、中醫
63	地理辨正自解	【清】李思白	公開玄空家「分率尺、工部尺、量天尺」之秘
64	許氏地理辨正釋義	【民國】許錦灝	民國易學名家黃元炳力薦
65	地理辨正天玉經內傳要訣圖解	【清】程懷榮	秘訣一語道破，圖文并茂
66	謝氏地理書	【民國】謝復	玄空體用兼備、深入淺出
67	論山水元運易理斷驗、三元氣運說附紫白訣等五種合刊	【宋】吳景鸞等	失傳古本《玄空秘旨》《紫白訣》
68	星卦奧義圖訣	【清】施安仁	
69	三元地學秘傳	【清】何文源	
70	三元玄空挨星四十八局圖說	心一堂編	三元玄空門內秘笈　清鈔孤本 過去均為必須守秘不能公開秘密 與今天流行飛星法不同
71	三元挨星秘訣仙傳	心一堂編	
72	三元地理正傳	心一堂編	
73	三元天心正運	心一堂編	
74	元空紫白陽宅秘旨	心一堂編	
75	玄空挨星秘圖　附 堪輿指迷	心一堂編	
76	姚氏地理辨正圖說　附 地理九星并挨星真訣全圖　秘傳河圖精義等數種合刊	【清】姚文田等	蓮池心法　玄空六法 門內秘鈔本首次公開
77	元空法鑑批點本——附 法鑑口授訣要、秘傳玄空三鑑奧義匯鈔　合刊	【清】曾懷玉等	
78	元空法鑑心法	【清】曾懷玉等	
79	曾懷玉增批蔣徒傳天玉經補註【新修訂版原（彩）色本】	【清】項木林、曾懷玉	
80	地理學新義	【民國】俞仁宇撰	揭開連城派風水之秘
81	地理辨正揭隱（足本）附連城派秘鈔口訣	【民國】王邈達	
82	趙連城傳地理秘訣附雪庵和尚字字金	【明】趙連城	
83	趙連城秘傳楊公地理真訣	【明】趙連城	
84	地理法門全書	仗溪子、芝罘子	巒頭風水，內容簡核、深入淺出
85	地理方外別傳	【清】熙齋上人	巒頭形勢、「望氣」「鑑神」
86	地理輯要	【清】余鵬	集地理經典之精要
87	地理秘珍	【清】錫九氏	巒頭、三合天星，圖文並茂
88	《羅經舉要》附《附三合天機秘訣》	【清】賈長吉	清鈔孤本羅經、三合訣法圖解
89-90	嚴陵張九儀增釋地理琢玉斧巒	【清】張九儀	清初三合風水名家張九儀經典清刻原本！